Stéphane Etrillard

Coaching
in Minutenschnelle

Wie Sie Ihre Lösungen
selber finden

Edition Forsbach

Bibliografische Information der Deutschen Nationalbibliothek

Die Deutsche Nationalbibliothek verzeichnet diese Publikation in der Deutschen Nationalbibliografie; detaillierte bibliografische Daten sind im Internet über http://dnb.dnb.de abrufbar.

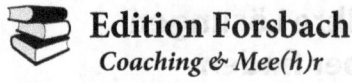

Edition Forsbach
Coaching & Mee(h)r

© Edition Forsbach, Fehmarn 2015
www.edition-forsbach.de
ISBN 978-3-943134-86-5

Redaktion, Satz, Lektorat: Dr. Beate Forsbach

Fotos: © Sylke Gall

Druck: CPI books GmbH Leck
Printed in Germany

Inhalt

Geleitwort

Solange ich mich erinnern kann, habe ich Sprüche gesammelt. Als Zehnjährige besaß ich ein Poesiealbum, in das mir Erwachsene und Kinder Lebensweisheiten schrieben, deren Bedeutung mir teilweise erst Jahrzehnte später bewusst wurde.

Mein Interesse für Psychologie und Lebenshilfe entwickelte sich während meiner Studienzeit. Neben meinem Lehramtsstudium belegte ich Seminare in pädagogischer Psychologie und studierte die Werke bekannter Psychologen. Immer, wenn ich eine Buchhandlung betrat, suchte ich nach (populär-)wissenschaftlichen Büchern mit Erklärungen und Hilfen für das Verhalten der Menschen. Vor allem interessierte ich mich dafür, wie man sein eigenes Leben und das seiner Mitmenschen mit Hilfe der Psychologie verbessern könnte.

Der Begriff Coaching war damals noch nicht bekannt, aber Selbstmanagement war ein beliebtes Thema. Erst Jahre später entdeckte ich die positive Psychologie und fand hier endlich, was ich schon immer gesucht hatte: eine Anleitung zum besseren Leben.

So habe ich mich sehr gefreut, als Stéphane Etrillard, mit dem mich die Liebe zur Klaviermusik verbindet, mir vorschlug, dieses Buch zu publizieren. Seit einigen Jahren postet er auf Facebook seine Coaching-Impulse, die ich täglich mit Gewinn lese und gerne weitergebe. Wie oft habe ich schon gedacht, dass er den aktuellen Impuls gerade für mich geschrieben hätte – offenbar geht es Tausenden seiner Fans genauso, wie die vielen begeisterten Zuschriften belegen.

Die Coaching-Impulse zu allen wichtigen Lebensbereichen weisen Menschen in die richtige Richtung und regen sie an, die eigenen Kräfte zu aktivieren, um selbst eine Lösung zu finden. Stéphane Etrillard ist „der Mann, der coacht, ohne es zu wollen, weil er nicht anders kann" – so seine Fotografin Sylke Gall. Und ich gestehe, dass mich nicht nur die Impulse und das Zusammenstellen dieses Buches sehr inspiriert haben, sondern auch jedes einzelne Gespräch mit Stéphane Etrillard.

Ihnen, liebe Leserinnen und Leser, wünsche ich eine inspirierende Lektüre und viel Freude mit dem Buch. Darüber hinaus empfehle ich Ihnen, ein Coaching bei Stéphane Etrillard in Betracht zu ziehen.

Dr. Beate Forsbach, Verlegerin

Vorwort

Die Gründe für ein Coaching sind so vielfältig wie das (Berufs-)Leben: Manche Menschen können sich vor Arbeit kaum noch retten und verlieren dabei ihre persönlichen Ziele aus den Augen, andere wollen ihre Leistungsfähigkeit steigern, überzeugender auftreten, Motivationslöcher überwinden oder mit den eigenen Schwächen und Unsicherheiten souverän umgehen. All diese Gründe beziehen sich letztlich darauf, die eigene Persönlichkeit zu reflektieren. Dabei geht es natürlich um die Karriere und den Beruf, jedoch auch um die eigene Gesundheit und das Wohlbefinden und in jedem Fall um die persönliche Entwicklung.

Wer über ein Coaching nachdenkt, hat oft das Gefühl der Unzufriedenheit und will etwas besser oder zumindest anders machen. Daraus resultieren der Wunsch nach Veränderung und nach einem Fortschritt in der persönlichen Entwicklung sowie die Suche nach neuen Handlungsmöglichkeiten.

Ein individuelles Coaching ist eine der wirkungsvollsten Methoden, um die gewünschten Veränderungen einzuleiten und auch umzusetzen. Nun kann oder will nicht jeder Mensch einen professionellen Coach engagieren. Doch steht jedem die Möglichkeit offen, sich selbst zu coachen. Dafür braucht es Impulse, die einen Anstoß geben, in eine Richtung weisen oder einfach zur Selbstreflexion anregen. Solche Impulse finden Sie im vorliegenden Buch.

Diese Denkanstöße und Anregungen können Ihnen dabei helfen, Ihre Persönlichkeit besser kennenzulernen und souveräner einzusetzen; sie können Ihnen in Zeiten hoher Belastung eine Motivationsstütze sein und Sie dazu animieren, Ihren persönlichen Weg zu finden und auch zu gehen. Ich bin überzeugt davon, dass viele Menschen dazu in der Lage sind, die Lösungen für die Herausforderungen, die sich ihnen stellen, selbst zu finden. Wer die Sache und sich selbst reflektiert und dank kleiner Impulse die Dinge auch einmal aus einer neuen Perspektive betrachten und in eine andere Richtung denken kann, sieht schnell klarer. In diesem Sinne sind die Impulse eine Quelle der Inspiration, um feste Denkmuster und Denkgewohnheiten zu erkennen und aufzubrechen. Wenn das gelingt, können Sie eigenverantwortlich und selbstbestimmt denken und schließlich auch handeln.

Der Schlüssel zur bewussten und aktiven Gestaltung des eigenen Lebensweges liegt immer in der Selbsterkenntnis. Im Selbsterkennungsprozess befragen wir unser Denken, Entscheiden und Handeln eingehend nach Ursachen, Einflüssen, Referenzen, Mustern, Konflikten oder Unstimmigkeiten und gleichen es bewusst mit unseren tatsächlichen inneren Überzeugungen ab. Als Resultat erkennen wir, was wirklich unserer Persönlichkeit entspricht. Das vereinfacht Entscheidungen und erleichtert es, die erforderlichen Handlungen in die Tat umzusetzen.

Damit können Sie sich selbst neue Möglichkeiten eröffnen, kreative und neuartige Zielsetzungen zu entwickeln, alte Muster zu durchbrechen und neue Blickwinkel einzunehmen. Das verhindert Stagnation und fördert Innovationen. In diesem Sinne möchte ich Ihnen die vorliegenden Coaching-Impulse an die Hand geben.

Eine inspirierende Lektüre wünscht Ihnen

Ihr

Stéphane Etrillard

Einführung

Wie Sie die Coaching-Impulse nutzen können

An nur einem Tag lesen manche Menschen ein halbes oder gar ein komplettes Fach- oder Sachbuch. Das hilft sicher dabei, das eigene Wissen zu erweitern. Doch hier geht es weniger darum, Ihr Fachwissen zu einem Thema zu erweitern.

Vielmehr sollen die Coaching-Impulse Sie zur Selbstreflexion anregen. Das Ziel ist also nicht, möglichst viele Seiten zu schaffen, sondern in erster Linie, das Gelesene tatsächlich zu reflektieren.

Im Optimalfall fragen Sie sich zu jedem gelesenen Coaching-Impuls: Was heißt das für mich ganz persönlich? Wie sehe ich das – und warum ist das meine Meinung? Wenn Sie also nur einen oder wenige Impulse pro Tag lesen, kann das vollkommen ausreichend sein. Wichtig ist nur, dass Sie tatsächlich einmal in sich hineinhören und sich fragen, was ein Coaching-Impuls für Sie und Ihr Leben bedeutet.

Diese Form des Lesens ist für viele Menschen schwieriger, als eine Seite nach der anderen abzuarbeiten. Suchen Sie sich deshalb möglichst ruhige Momente, in denen Sie auch die Muße haben, das Gelesene nicht nur inhaltlich zu erfassen, sondern ganz bewusst auf sich selbst zu beziehen. Das kann morgens beim Frühstück, während der Fahrt ins Büro, abends vor dem Schlafengehen oder einfach zwischendurch sein. Lesen Sie einen einzigen oder mehrere Impulse, ganz wie Sie möchten. Doch denken Sie daran, dass es Ihnen mehr nützt, wenig zu lesen und die Impulse mit Muße zu reflektieren, als möglichst viele Seiten zu schaffen.

Das vorliegende Buch ist als ständiger Begleiter gedacht. Sie können immer wieder darin lesen und nach passenden Impulsen für Ihre aktuelle Situation stöbern. Und wenn Sie einmal mit einem Impuls nur wenig anfangen können, lesen Sie einfach den nächsten. Manchmal bedarf es nur kleiner Impulse, um etwas in Bewegung zu setzen. Manchmal sind mehrere Anstöße nötig, bis etwas in Gang kommt. Das hängt ganz von Ihnen selbst und von Ihrer Situation ab.

Damit Sie es leichter haben, wenn Sie gezielt nach Impulsen zu konkreten Themengebieten suchen, enthält das Buch 16 Kapitel, jedes zu einer Kategorie, die uns letztlich alle betrifft. Wenn Sie also beispielsweise gerade Ihre persönliche Kommunikation auf den Prüfstand stellen, schauen Sie einfach im entsprechenden Kapitel nach. Wenn Sie eine schwierige Entscheidung zu treffen haben, finden Sie auch dazu ein Kapitel.

Nutzen Sie das Buch also ganz nach Ihrem persönlichem Bedarf; es ist nicht unbedingt sinnvoll, es chronologisch von der ersten bis zur letzten Seite zu lesen. Schauen Sie lieber immer wieder einmal hinein und nehmen Sie sich, was Sie persönlich gebrauchen können.

In allen Coaching-Impulsen habe ich bewusst die Du-Ansprache gewählt. Ein Impuls wie „Wenn Du erkennst, auf welcher Entwicklungsstufe Du Dich befindest, bist Du schon sehr weit" würde sich mit einem dreifachen Sie einfach nicht schön lesen. Außerdem schafft das vertrauliche Du eine größere Nähe des Lesers zum Text. Und darum geht es: dass Sie die Impulse wie einen guten Freund nehmen, der Sie ständig begleitet. Dabei brauchen Sie nicht jedes Wort auf die Goldwaage zu legen, wichtiger ist, dass Sie die Impulse einfach auf sich wirken lassen.

1

Individualität und Identität

Jeder Mensch scheint den Wunsch nach Individualität in sich zu tragen. Individualität ist heute wichtiger denn je und bringt viele Vorzüge mit sich: Freiheit, Emanzipation und Autonomie. Weil gleichzeitig Traditionen und Konventionen an Bedeutung verloren haben, sind auch Orientierungspunkte für das Leben verloren gegangen. Viele Menschen sind überfordert mit der Freiheit, die uns heute möglich ist. Auch wird Individualität sehr häufig missverstanden – wir folgen Trends und Moden und fühlen uns dabei individuell.

Jeder Einzelne hat eben nicht nur den Wunsch nach Individualität, sondern gleichzeitig den Wunsch nach Dazugehörigkeit. Deshalb orientieren wir uns an unserem Umfeld. Das erfordert wenig Kreativität und Eigeninitiative und vermindert zudem das Risiko, mit der eigenen Persönlichkeit anzuecken. Echte Individualität ist deshalb nur mit dem Wissen um die eigene Identität erreichbar.

Unter Identität versteht man in der Psychologie die als Selbst erlebte innere Einheit der Person. Sie beinhaltet die Überzeugungen und persönlichen Charaktereigenschaften, aufgrund deren wir uns von anderen Menschen unterscheiden und als Individuum erkennen.

Identität lässt uns begreifen, wer wir sind und wo wir im Verhältnis zu unserer Umwelt und unseren Mitmenschen stehen. Das Bewusstsein der eigenen Identität – sich selbst als Individuum zu erleben – ist Grundvoraussetzung für die Entfaltung der eigenen Persönlichkeit.

Wo jeder Mensch einerseits den Drang nach Individualität verspürt und andererseits den Wunsch nach Zugehörigkeit hat, entsteht ein Spannungsfeld. Deshalb ist es nicht leicht, den eigenen Weg zu finden und auch zu gehen.

Echte Individualität bedeutet, die eigene Identität zu erkennen und authentisch das wahre Selbst zu leben. Wer das Selbst lebt, das er in Wahrheit ist, erfährt in seinem Leben eine außerordentliche Bereicherung, erhält größere Freiräume und Entwicklungsmöglichkeiten und damit eine reiche Erfüllung. Und ein erfülltes Leben und eine entfaltete Individualität sind für viele

Menschen letzten Endes das, was ihrem Leben einen spürbaren und lebenswerten Sinn gibt.

Individualität zu leben bedeutet dabei nicht, die Wünsche und Bedürfnisse des Umfeldes zu ignorieren – im Gegenteil: Individualität geht Hand in Hand mit sozialer Kompetenz. Und diese meint die Fähigkeit, zu anderen Menschen verbindliche Beziehungen aufzubauen und dauerhaft zu pflegen und mit ihnen in einem sozialen Miteinander zu leben.

Das soziale Leben spielt auch heute noch für jeden einzelnen eine große Rolle und findet in Gemeinschaften, im Zusammenwirken mehrerer Personen statt. Es basiert auf dem Vermögen der Beteiligten, miteinander zu kooperieren, sich als Individuum in eine Gemeinschaft einzufügen und die eigene Persönlichkeit positiv einzubringen.

Coaching-Impulse
für Ihre Individualität und Identität

Sei nicht so hart zu Dir selbst. Du setzt Dich damit massiv unter Druck und es lässt Dich meistens verbissen wirken. Wenn Du hart sein willst, sei hart zu deiner Härte. Sonst kannst Du Deine weichen Züge nicht zeigen.

Das, was Du stark ablehnst, ist für die Entdeckung des eigenen inneren Rufes genauso so bedeutend wie das, was Du gerne annimmst. Die Auseinandersetzung mit Deinen eigenen Widerständen macht Dir Deine Werte klar und zeigt Dir den Weg zu Deiner Berufung.

Wenn Du bewusst ignorierst, was andere tun, hast Du die Chance, Dich auf Deine ureigenen Stärken zu fokussieren. Durch diese Rückbesinnung auf Dich selbst entdeckst Du, wozu Du fähig bist, wenn Du anfängst, Deine Talente richtig zu nutzen.

*Jedes Mal, wenn Du Dich minderwertig fühlst,
misst Du anderen viel zu viel Bedeutung
bei. Auch wenn Du noch viel zu lernen hast,
musst Du deswegen nicht Dein Licht unter den
Scheffel stellen. Du bist es Dir wert.*

*Hör auf, Dich mit anderen zu vergleichen. Du
bist wertvoll. Du bist einzigartig. Und das ist
gut so. Der Blick auf die anderen lenkt Dich
nur ab von Deiner einmaligen Größe.*

*Wenn Du Dir selbst fremd vorkommst, liegt es
vielleicht daran, dass Du mit der Zeit vergessen
hast, wer Du wirklich bist. Nimm Dir die Zeit,
wieder zu Dir selbst zurückzufinden.*

*Du kannst ab heute anfangen, in Deinem
Leben die Hauptrolle zu spielen und vor
allem zu bestimmen, wie Du Dein eigenes
Leben gestaltest. Souverän leben heißt nichts
anderes als die Fremdbestimmung in Deinem
persönlichen Umfeld zu reduzieren. Jeder
Schritt in diese Richtung bringt Dich Deinem
Traumleben etwas näher.*

*Solange Du nicht weißt, wer Du wirklich bist
und welche ungenutzten Fähigkeiten in Dir
schlummern, wirst Du den anderen mehr
zutrauen als Dir selbst. Erst wenn Du weißt,
wer Du bist, was Du kannst und was Du willst,
kannst Du Dein volles Potenzial ausschöpfen.*

*Um Deinen Weg zu gehen, und nicht den, den
Dir andere vorschreiben, finde heraus, wer Du
bist, was Du möchtest und wo Du hinwillst.
Überwinde Deine inneren Hindernisse, eigne
Dir neues Wissen an, geh los und lass Dich
unterwegs nicht ablenken.*

*Wenn Du versuchst, es allen recht zu machen,
wirst Du vor allem Dir selbst keinen Gefallen
tun. Je mehr Du Dich verbiegst, um so aus-
tauschbarer wirst Du und, wenn nicht, dann
bis zur Unkenntlichkeit verformt.*

*Wenn Du Dich von einem Niemand zu einem
Jemand entwickeln willst, arbeite daran, dass
Dein Name bekannter und sichtbarer wird,
denn Dein Name ist Dein wertvollstes Kapital
für Deinen Erfolg.*

Alles hat seine Grenzen. Du kannst jemandem vergeben und dann gibt es eine zweite Chance gemeinsam. Du kannst auch vergeben und es ist Dir vollkommen bewusst, dass ein gemeinsamer Weg nicht mehr denkbar ist.

Wenn Du das Gefühl hast, Dir nicht mehr zu gehören, ist es allerhöchste Zeit, über Deine wahre Identität nachzudenken. Je mehr Du das Maß an Fremdbestimmung in Deinem Leben reduzierst, um so mehr wirst Du Dir wieder gehören.

Du darfst Du selbst sein und musst nicht ständig den Erwartungen anderer entsprechen. Wenn Du anfängst, das für Dich zuzulassen, fängst Du auch an, endlich für Dich zu leben, statt den anderen gerecht zu werden.

Wenn Du Selbstbewusstsein hast, wirst Du Dir Deiner Stärken und Talente so bewusst sein, dass Du nicht umhin kannst, über Dich selbst hinauszuwachsen. Jemand anders kann dieses persönliche Wachstum fördern, keiner kann es jedoch verhindern.

Solange Du Deine eigene Lebensaufgabe nicht kennst, wirst Du oft sinnlos umherirren. Je klarer Dir Dein Lebenszweck ist, um so leichter wird es Dir gelingen, Großartiges zu schaffen. Dann kannst Du gar nicht anders als handeln.

Wenn Du dem eigenen Kurs folgen willst, erfordert es viel Mut. Es ist oft der Preis der Freiheit und Unabhängigkeit des Denkens.

Ab dem Moment, wo Du Deine Einmaligkeit, Einzigartigkeit und Unverwechselbarkeit akzeptierst, kannst Du endlich aufhören, Dich mit anderen zu vergleichen und Du kannst einfach sagen: „Ich spiele in meiner eigenen Liga."

Jeder Mensch hat Charisma. Einige tun sich nur sehr schwer, es für andere erkennbar zu machen. Sie legen sich viele Hindernisse in den Weg, ihre ureigene Ausstrahlung zu entfalten, indem sie sich ständig verbiegen und verstellen.

Erst wenn Du weißt, wer Du bist, wirst Du anfangen, mit Dir Frieden zu schließen und das schätzen, was Du hast und was Du kannst.

Sei der, der Du sein willst, ohne Dich zu fragen, wem es recht ist oder nicht. Es wird sowieso immer einen geben, dem es nicht recht ist, dass Du etwas so tust, wie Du es tust.

Je kantiger Du wirst, um so echter wirst Du auch wirken. Je deutlicher Du kommunizierst, um so mehr wirst Du anecken. Wenn Du es jedoch nicht tust, wirst Du vielleicht beliebt sein und als nett gelten. Zu einem wiedererkennbaren und markanten Profil gehört definitiv mehr. Solange Du nicht polarisierst, bist Du noch nicht auf dem Weg zur Marke.

Wenn Du anfängst, das, was Du Dir im Traum vorstellst, für wirklich realisierbar zu halten, bleibt es kein Traum mehr: Du bist ganz nah an Deinem persönlichen Durchbruch.

Das Leben gibt Dir täglich die Möglichkeit, zu dem zu werden, der Du werden willst, wenn Du auch selbst zulässt, die dazu gehörenden Erfahrungen zu machen. Ohne Deine innere Bereitschaft wird aus allen Möglichkeiten nichts.

*Im Leben sind die besten Entscheidungen oft
die, die du selbst triffst. Die schlimmsten Entscheidungen sind oft die, die Du nie triffst oder
die, die andere für Dich treffen. Ohne Entscheidungen gibt es weder Veränderung noch Erfolg,
sondern nur Stillstand.*

*All das, was Du ausstrahlst, woran Du glaubst,
was Dich auszeichnet, was das Leben aus Dir
gemacht hat, dank positiven Erfahrungen
und trotz widrigen Umständen, bildet Deine
ureigene unverwechselbare Identität. Wenn
Du eine Identitätskrise erlebst, bist Du Dir
vielleicht all dessen nicht bewusst, was Dich
auszeichnet und vor allem wertvoll macht.*

*Wenn Du aus ganzem Herzen und mit voller
Leidenschaft Deinen Träumen nachgehst
und davon überzeugt bist, dass Du auf dem
richtigen Weg bist, ist es gleich, was andere
über Dich denken. Nichts kann Dich aufhalten.
Die Welt braucht mehr Träumer und Macher,
dafür weniger Bedenkenträger und Kritiker.*

2

Selbstwertgefühl und Selbstbewusstsein

Ein gesundes Selbstbewusstsein zu haben, bedeutet, sich seiner Selbst bewusst zu sein. Das schließt die eigenen Stärken genauso mit ein wie die Schwächen. Das Selbstbewusstsein ist also immer eine Folge der Selbsterkenntnis. Wer sich selbst nur unzureichend kennt, kann auch kein ausgeprägtes Selbstbewusstsein haben. Und auch Menschen, die betont selbstsicher auftreten, verfügen nicht unbedingt über ein gesundes Selbstbewusstsein. Allzu oft ist ein vordergründiges Selbstbewusstsein nur ein Ausdruck der eigenen Unsicherheit. Echtes Selbstbewusstsein wächst immer aus der Selbsterkenntnis.

Das Selbstwertgefühl ist die gefühlsbedingte Seite unseres Selbstbewusstseins. Und weil Gefühle sich häufig verändern, bleibt auch unser Selbstwertgefühl nicht konstant, sondern ist Schwankungen unterworfen. Allerdings macht es natürlich einen Unterschied, ob jemand sich selbst gegenüber grundsätzlich positive oder negative Gefühle hat.

Alles, was unser Leben ausmacht, beeinflusst auch unser Selbstwertgefühl. Die positive Selbstwahrnehmung, zu der vor allem auch eine möglichst umfassende Akzeptanz der eigenen Person zählt, ist somit zugleich die Quelle eines freien und mündigen Lebens.

Das Selbstwertgefühl ist nichts anderes als die positive Empfindung für den eigenen Wert, verbunden mit der Akzeptanz der eigenen Person. So wie ein gesundes Selbstwertgefühl mit einer optimistischen Grundeinstellung verbunden ist, resultiert aus einer negativ gestörten Selbstwahrnehmung immer ein pessimistischer Zustand.

Unsere allgemeine Einstellung zu den Dingen wird damit immer vom Selbstwertgefühl beeinflusst. Und wer über ein positives Selbstwertgefühl verfügt, ist besonders robust gegenüber den Einflüssen der Außenwelt. Ein Mensch mit einem geringen Selbstwertgefühl fühlt sich dagegen klein und ist in sich blockiert, er ist leicht manipulierbar, will es allen recht machen und wird seine Fahne stets nach dem Wind hängen. Selbstvorwürfe, Schuldgefühle, Unzufriedenheit, ein negatives Selbstbild usw. zeigen sich jedoch auch durch „Ersatz-Selbstwertgefühle".

Das kann sich zum Beispiel in einem Hang zur Arroganz, in einem Kokettieren mit Äußerlichkeiten und Statussymbolen ausdrücken.

Menschen mit einem unechten, aufgesetzten Selbstwertgefühl wollen so sein, wie andere es sind. Sie zeigen dabei nicht ihr authentisches Selbst, sondern nur eine verschleierte Variante desselben. Aufgrund dieser mangelnden Authentizität wirken sie nach außen oft verkrampft, unnatürlich, verbissen und zuweilen sogar etwas grotesk.

Defizite beim Selbstwertgefühl führen in der Regel dazu, dass man gar nicht mehr versucht, die echten Gefühle für sich selbst wahrzunehmen. So gerät das eigene Selbst schnell gänzlich aus dem Blick. Ein gesundes Selbstwertgefühl ist jedoch auch deshalb wichtig, weil es uns in die Lage versetzt, sich von zwischenzeitlichen Erschütterungen und Krisen nicht in seiner Substanz gefährden zu lassen.

Das Bewusstsein und das Gefühl für den eigenen Wert entstehen nicht aus sich selbst heraus, sondern entwickeln sich über viele Jahre hinweg. Wir können das Selbstwertgefühl und das Selbstbewusstsein nur stärken, wenn wir erkennen, wer wir selbst sind.

Coaching-Impulse
für ein neues Selbstwertgefühl und mehr Selbstbewusstsein

Eine der größten Herausforderungen im Leben besteht darin, Dich so anzunehmen, wie Du bist und nicht so, wie Du glaubst zu sein.

Wenn Du anfängst, das, was Du Dir im Traum vorstellst, für wirklich realisierbar zu halten, bleibt es kein Traum mehr: Du bist ganz nah an Deinem persönlichen Durchbruch.

Wenn Du es Dir wirklich wert bist, lass Dich nicht von Menschen missbrauchen, die in Dir ausschließlich die Möglichkeit sehen, Dich für die Verwirklichung ihrer Egotrips einzuspannen.

Wenn Du es nicht mehr nötig hast, andere durch was auch immer zu beeindrucken, hast Du einen Quantensprung in Deinem Selbstverständnis und in Deinem persönlichen Wachstum gemacht.

Selbst kleine Impulse machen Mut und können etwas ins Rollen bringen. Jeder Erfolg verleiht uns neue Kraft und jeder Misserfolg ist ein Grund, es erneut zu versuchen.

In dem Moment, in dem Du anfängst, Dich selbst wertzuschätzen, hörst du auf, faule Kompromisse einzugehen, die Dich nicht erfüllen oder Dir sogar widerstreben. Solange Du nicht das tust, was Dir persönlich wichtig ist und das lebst, was deinen Werten und Talenten entspricht, lebst Du an Dir und Deiner Lebensmission vorbei. Keiner zwingt Dich dazu. So hart es klingt: Du hast die Wahl. Die Entscheidung liegt bei Dir.

Während Du Dich klein fühlst und deswegen nicht handelst, fangen andere, die tatsächlich „klein" sind, schon an zu handeln. Obwohl Du ihnen haushoch überlegen bist, hast Du immer noch nicht gehandelt, während sie es längst gemacht haben, ohne eine einzige Sekunde zu zweifeln. Statt Dich klein zu fühlen, fang an zu handeln. Schon die kleinste Handlung bringt Dich weiter.

Die Sehnsucht nach einer Person, die unser Leben verändert, ist berechtigt und steckt in vielen von uns. Es kann allerdings dauern, bis diese Person kommt. Es gibt einen viel schnelleren Weg. Such einen Spiegel, schau hin und Du wirst den Menschen entdecken, der wesentlich dazu beitragen kann, dass sich Dein Leben nachhaltig verändert.

Es ist manchmal schwer, seine Ideen allein gegen alle zu vertreten, vor allem, wenn sie unbequem sind. Es kann sein, dass Du Dich ganz schön einsam fühlst. Habe Geduld und vertraue auf die Kraft Deiner eigenen Botschaft. Wenn Du ein paar Menschen findest, die Deine Ideen mittragen, wird vieles leichter.

Bist Du Dir selbst wichtig, kannst Du nicht allen anderen gerecht werden. Wenn Du es jedoch versuchst, wirst Du scheitern, denn es ist unmöglich, allen gerecht zu werden. Insofern hör lieber gleich damit auf, denn wenn Du es tust, wirst Du Dir untreu werden und den Preis dafür zahlen.

*Lass Dir von niemandem je einreden, dass
Du etwas nicht kannst. Wenn Du es nicht versuchst, wirst du nie wissen, ob du es wirklich
kannst. Oft entfaltet sich das Können im Tun.
Und wenn Du entdeckst, Du kannst es nicht,
war es eine Erfahrung wert, die Dich stärker
gemacht hat.*

*Wenn Du verstanden hast, dass Du ein
Geschenk für diese Welt bist, wird für Dich
klarer werden, wozu Du da bist und welchen
Aufgaben Du Dich widmen willst.*

*Charisma ist nicht nur die Ausstrahlung, die
Du hast oder glaubst zu haben, sondern auch
die Anziehungskraft, die Dir andere zuschreiben. Auch Du kannst lernen, charismatisch zu
sein, wenn Du anfängst, eine andere Selbstwahrnehmung zu haben und anders auf Dein
Umfeld zu wirken.*

*Wenn Dein innerer Kompass auf Deine Ziele
fokussiert und Dein Selbstwert ausgeprägt
genug ist, musst Du nicht mehr um äußere
Akzeptanz und soziale Anerkennung buhlen.*

*Wenn Du Deinen Preis nicht selbst bestimmst,
werden es andere für Dich tun. Sei Dir daher
bewusst, was Du wert bist, und für wie viel Du
Deinen Wert anbietest. Deine eigene Lebensqualität hängt in hohem Maße von dem Preis
ab, den Du für Deinen Wert verlangst.*

*Ein Nein zu anderen ist oft notwendig, wenn
Du Ja zu Dir selbst sagen willst.*

*Wenn Du andere fragst, wie sie Dich und
Deine Zukunft sehen, können deren Meinungen und Vorstellungen nicht unterschiedlicher
sein. Wichtig ist, dass Du das machst, was
Dich wirklich antreibt und vor allem, dass Du
anfängst, zu Dir zu stehen.*

*Wenn Du nicht aus der Nettigkeitsfalle heraus-
kommst und nie „Nein" sagen lernst, wirst Du
es wahrscheinlich allen immer recht tun wollen
und Dir selbst dadurch Unrecht tun. Indem Du
Dich verbiegst, um anderen bloß nicht unange-
nehm aufzufallen, verlierst Du Dein Selbst aus
den Augen und schmälerst Deinen Wert.
Es liegt an Dir, es zu ändern.*

*Wenn Du es versäumst oder verlernst, Zeit
für Dich zu nehmen oder sogar ein schlechtes
Gewissen dabei hast, wenn Du es tust, weil Du
dann andere Menschen oder Aufgaben vernachlässigst, lässt Du automatisch zu, dass Du
Dich von dem abkehrst, was Dir wichtig ist und
was Deinem Leben Sinn gibt.*

*Du musst es nicht geschafft haben, um Dir
selbst zu erlauben, souverän zu sein. Souverän
leben ist eine Einstellungssache. Es verlangt
Klarheit und Mut, weil du plötzlich ausgetre-
tene Pfade verlässt, Deine Meinung unabhängig
von Empfindlichkeiten und Interessen äußerst
und damit auch oft aneckst. Wer souverän handelt, ist oft einsam, weil die Masse lieber kon-
form und stromlinienförmig handelt. Dafür ist
das Gefühl, nicht mehr Sklave von sonst aner-
kannten Konventionen zu sein, unschätzbar.*

*Würdige das, was Du bereits erreicht hast,
anerkenne Deinen eigenen Wert und erinnere
Dich immer wieder daran, dass Du ein ganz
besonderer Mensch bist, auch wenn andere es
Dir nicht gönnen oder nicht wahrhaben wollen.*

*Du bist genauso so wichtig und wertvoll wie
andere Menschen. Wenn Du glaubst, es wäre
nicht so, hör endlich auf, negativ über Dich zu
sprechen und zu denken. Du bist kein kleines
Licht, sondern Du hast vielleicht die Flamme
noch nicht erkannt, die in Dir brennt. Wenn
Du Dir selbst keinen Wert beimisst, wer soll es
dann tun?*

*Wenn Du es allen recht zu machen versuchst,
wird es Dir über kurz oder lang nicht gut dabei
gehen, denn Deine eigenen Wünsche und
Anliegen kommen zu kurz. Lieber ein Nein mit
Herz als ein widerwilliges Ja, unter dem Du
danach leidest.*

*Wenn Du nicht selbst für Aufmerksamkeit
sorgst, brauchst Du Dich nicht zu wundern,
dass keiner Dich kennt. Wenn keiner weiß,
dass es Dich gibt, wird auch keiner erfahren,
welchen Wert Du den Menschen zu bieten hast.
Werde sichtbar, um nicht ignoriert, übergangen
oder vergessen zu werden.*

3

Stärken und Fähigkeiten

Jeder Mensch verfügt über individuelle Fähigkeiten, besitzt bestimmte Begabungen und steckt voller Kapazitäten. Und all dieses Potenzial lässt sich sinnvoll nutzen. Dabei geht es längst nicht nur um den beruflichen Erfolg oder um materielle Dinge, sondern insbesondere um persönliche Zufriedenheit.

Wenn es um Talente und besondere Fähigkeiten geht, haben die meisten Menschen eine merkwürdige Eigenart: Sie sind dazu in der Lage, schnell die Stärken der Menschen ihrer Umgebung wahrzunehmen, während sie die eigenen übersehen oder als weniger ausgeprägt wahrnehmen.

Parallel dazu treten die eigenen Schwächen in den Vordergrund, und nur zu gerne beißen wir uns an ihnen fest.

Gerade erfolgsorientierte Menschen verschwenden viel Zeit und Energie damit, ihre Schwächen zu bekämpfen. Wer nun auf diese Weise mit der eigenen Person ringt, kämpft dabei immer gegen sich selbst – und führt so einen Kampf, der einfach nicht zu gewinnen ist. Zudem wird leicht übersehen, dass wir unsere Schwächen auch akzeptieren können. Das heißt natürlich nicht, sich selbst einen Freibrief für alle erdenklichen Verhaltensweisen auszustellen.

Es geht darum, die eigenen Schwächen weder zu ignorieren noch zu kultivieren, sondern sie zu kompensieren. Und dafür haben wir unsere Talente und Fähigkeiten. Schwächen werden nahezu belanglos, wenn wir es verstehen, den Blick auf unsere Talente und Fähigkeiten zu richten und diese Begabungen auch zu nutzen.

Es ist nicht nur geschickter, die eigenen Stärken auszubauen, es macht auch viel mehr Freude, als ständig mit irgendwelchen Schwächen zu hadern. So kann man mit viel weniger Aufwand ein wesentlich besseres Ergebnis erzielen. Wichtig ist jedoch, die eigenen Stärken, Talente und Begabungen überhaupt erst einmal zu erkennen.

Talente und besondere Fähigkeiten zeigen sich allgemein da, wo uns etwas leicht fällt, wo wir etwas gut können und auch noch Freude dabei haben. Es lohnt sich sehr, hierauf das Bewusstsein zu konzentrieren, denn vorhandene Talente sind fast immer noch weiter ausbaufähig.

Talente und Begabungen sind eng mit unserer Persönlichkeit verknüpft und werden uns als (Erb-)Anlagen
mit auf den Weg gegeben. Dennoch fallen sie uns nicht
in den Schoß – sie wollen erkannt und weiterentwickelt
werden.

Auch ist es nicht so, dass nur einige auserwählte Menschen über eine besondere Begabung verfügen; es ist
nicht einmal richtig, dass ein Mensch mit nur einer
oder maximal zwei Begabungen aufwarten kann. Die
Wahrheit ist, wie mehrere fundierte Untersuchungen
belegen, dass jeder Mensch durchschnittlich über drei
bis fünf besondere Begabungen verfügt!

Auf Grundlage dieser Begabungen entwickelt der
Mensch seine individuellen Stärken und besonderen
Fähigkeiten. Während eine Konzentration auf Schwächen lähmt, können wir durch eine Fokussierung auf
die eigenen Stärken eine souveräne Gelassenheit entwickeln, dabei viel eher auch die Unzulänglichkeiten
akzeptieren und somit eine innere Balance finden. Und
wer sich damit abmüht, eine Schwäche in den Griff zu
bekommen, wird damit noch lange nicht seine Stärken
entdecken.

Es ist nie zu spät, sich auf seine Talente und Begabungen zu besinnen!

Coaching-Impulse
für mehr Stärken und bessere Fähigkeiten

Für den, der Überzeugungen hat und mit Leidenschaft an der Verwirklichung seiner Träume arbeitet, lässt sich vieles leichter erreichen. Oft scheitern wir, weil wir zu früh aufgeben oder uns der nötige Elan fehlt, unsere Vorhaben umzusetzen. Wenn wir uns auf das, was uns wirklich begeistert, konzentrieren, haben wir meistens auch die maximalen Erfolgschancen.

Trau Dich, das Du tun, was Du möchtest, einfach weil es Deine Begabung ist und weil Du es kannst. Das ist doch Grund genug. Punkt.

Erfahrung ist oft nichts anderes als die Summe der ungewollten Herausforderungen, vor die uns das Leben gestellt hat. Entweder haben wir sie bravourös gemeistert oder wir sind kläglich gescheitert. Aus beidem kann man lernen und daran wachsen.

Große Gedanken kommen erst dann zur Ent-
faltung, wenn du in Dir die Zuversicht spürst,
sie auch in die Welt zu tragen, in die Tat umzu-
setzen und gleichzeitig in Dir den Mut spürst,
die Herausforderungen ohne Kompromisse
anzupacken. Solange Du Ohnmachtsgefühle
verspürst, werden Deine Vorhaben halbherzig
bleiben.

Wir sind alle tagtäglich mit diversen Problemen
beschäftigt. Sich über diese Probleme zu ärgern,
ist wenig zielführend. Durch dieses Problem-
denken bleibst Du in den Problemen stecken.
Wenn Probleme auftauchen, fange daher sys-
tematisch an, über eine Lösung für diese Prob-
leme nachzudenken. Diese Umdenk-Disziplin
wird Dein Leben wesentlich vereinfachen.

Eine kleine Änderung in Deinem täglichen
Fokus kann den Kurs Deines Lebens maß-
geblich beeinflussen. Auch wenn die äußeren
Umstände nicht immer günstig sind, kannst Du
die Segel setzen und den Kurs Deines Lebens-
schiffes bestimmen. Du bist der Kapitän Deines
Lebensschiffes.

Wenn Du nur wenig kannst, ist es nicht tragisch, je nachdem, wie Du damit umgehst. Entweder musst Du noch sehr viel dazu lernen oder das Wenige, was Du kannst, zur Exzellenz bringen.

Wenn Du an Deine Stärken, an Deine Talente, an Deine Fähigkeiten und Fertigkeiten glaubst, wirst Du auch den Nutzen erkennen, den Du anderen bieten kannst. Und dann findest Du die Menschen, die genau Bedarf an dem haben, was Du anzubieten hast.

Wenn Du nicht das tust, wozu Du einen inneren Drang verspürst, wird es Dich irgendwann mal einholen, ob Du es willst oder nicht.

Du kannst die Qualität Deines Lebens enorm steigern, wenn Du Dir einen Beruf aussuchst, der zu Dir passt, im Alltag immer mehr von dem machst, was zu Dir passt, verstärkt Kontakt mit Menschen hast, die zu Dir passen, Beziehungen eingehst, die zu Dir passen. All das, was nicht oder nicht mehr zu Dir passt, reduzierst Du dafür auf ein Mindestmaß.

Wenn Du anfangen wirst, endlich das zu tun, was Du wirklich tun willst, wirst Du staunen, wie viele Talente und Fähigkeiten in Dir stecken, von denen Du gar nichts gewusst hattest, weil Du sie einfach hattest brachliegen lassen.

Dein Können und dein Wissen in Kombination mit dem Nutzen, den du für andere damit stiftest, bilden die beiden wichtigsten Säulen, auf denen Du Deine berufliche Zukunft aufbauen kannst. Alles andere sind Scheinsicherheiten, die schon lange nicht mehr existieren. Willst Du Deine Zukunftsfähigkeit steigern, vermehre Dein Können und Dein Wissen.

Im Leben ist manches viel schwieriger, als Du Dir vorgestellt hast. Manches ist wiederum viel einfacher als Du Dir vorstellst. In beiden Fällen gilt es, nicht zu verzweifeln und nicht aufzugeben.

Wenn Du es Dir wert bist, erlaube Dir selbst, aus Deinen Stärken, Talenten und Fähigkeiten das Beste zu machen. Du befreist Dich hiermit von vielen Zwängen und hilfst den Menschen, weil Du sie mit Deinen Gaben beschenkst.

Wenn Du eine Ent-Scheidung triffst, scheiden sich die Wege. Es bleibt nicht aus, dass Du es nicht allen recht machen kannst und viele Optionen weglassen musst. Dafür gewinnt Dein Handeln enorm an Klarheit und Fokussierung: Du weißt sehr genau, welches Dein Weg ist und hast die Kraft, um voranzuschreiten.

Stärke bedeutet auch, seine Schwächen zu erkennen und sie anzunehmen.

Das, wofür Du Dich begeisterst und wofür Du eine außerordentliche Begabung hast, ist oft der Bereich, in dem Du die größte Chance hast, Erfolg zu haben. Du brauchst nur noch Menschen zu finden, die bereit sind, Dich dafür zu bezahlen.

Deine Berufung hast Du gefunden, wenn Du weißt, wofür Du hier bist, warum Du das tust, was Du tust, wenn Du genau das tust, was Du schon immer machen wolltest, wenn Du nicht das Gefühl hast zu arbeiten, sondern Deinem Vergnügen nachzugehen, wenn Du für das bezahlt wirst, woran Du noch Spaß hast.

*Jeder Tag fordert Dich auf, aus Dir selbst her-
aus zu gehen und über Dich selbst hinaus zu
gehen, um das zu tun, was Deiner Berufung
entspricht. Tue es ohne Aufschub, denn die
Anzahl Deiner Tage ist begrenzt. Jeder Tag
zählt.*

*Das, was Du glaubst, beeinflusst in hohem
Maße, wer Du bist. Viele Menschen erreichen
nicht, was sie wollen, weil sie nicht daran
glauben oder vor allem nicht an sich glauben.
Glaubst Du z. B., dass Du Charisma hast?
Wenn Du es nicht glaubst, ist ein kein Wunder,
dass Du nicht die gewünschte Ausstrahlung
hast. Überlege Dir, welche negativen Glaubenssätze Du mit Dir seit Jahren mitschleppst und
wirf sie einfach über Bord. Du wirst merken,
dass es sich „ohne" viel besser leben lässt.*

*Je mehr Du Dir im klaren darüber bist, welche
Begabungen und Stärken Du hast, um so einfacher wird es für Dich sein, ein passendes Handlungsfeld zu finden, in dem Du glücklich bist
und Deinen Mitmenschen einen hohen Nutzen
bringst.*

*Auch wenn Du stark bist, heißt es nicht, dass
Du manchmal nicht schwach sein darfst, dass
Du keine Lust mehr haben darfst, dass Du Dich
überfordert fühlen darfst. In solchen Momenten
darfst auch Du sagen, ich kann nicht mehr, ich
brauche Hilfe, ich weiß nicht mehr weiter, ich
brauche jemand, der mich in den Arm nimmt.
Schwäche zeigen zu können ist auch ein Zeichen von Stärke.*

*Deine größte Stärke ist mehr wert als tausend
Schwächen, die Du noch nicht behoben hast.*

*Was Dich im Leben herausfordert, lässt Dich
auch über Dich hinauswachsen und stärker
werden.*

*Ohne Selbstliebe und gleichzeitige Annahme
Deiner Stärken und Schwächen wirst Du nie
das Selbstbewusstsein haben, das Du brauchst,
um die Menschen von Deinen Vorhaben, Zielen und Visionen zu überzeugen. So paradox
es auch klingen mag: wenn Du anfängst, Dich
selbst zu lieben, wirst Du erfahren, dass Dir
auch Liebe gezeigt und entgegengebracht wird.*

4

Beziehungen und Vertrauen

Es gibt Beziehungen, die viele Jahre oder gar ein Leben lang überdauern, und andere, die nach einigen Monaten schon wieder vergessen sind. Der Begriff ist zwar der gleiche, was damit beschrieben wird, unterscheidet sich dennoch. Denn die Beziehungen zum Partner, zu einem Verwandten oder Kunden, Kollegen, Vorgesetzten oder flüchtigen Bekannten unterscheiden sich natürlich – wenngleich sie einen wichtigen Punkt gemeinsam haben: Gute Beziehungen zahlen sich aus.

Gute Beziehungen dienen dem eigenen Wohl, sind gut für die physische und psychische Gesundheit und auch für die Karriere. Sie machen das Leben leichter und sind die besten Helfer in der Not. Dennoch werden sie vielfach leichtfertig aufs Spiel gesetzt oder zumindest wenig gepflegt. Das Ergebnis sind dann eingeschlafene

Beziehungen. Werden die Weckrufe überhört, droht schließlich das Ende oder eine dramatische Verschlechterung der Beziehung. Das kann zu ganz praktischen Nachteilen führen.

Oft merken wir erst, wie wichtig eine Beziehung für uns ist, wenn sie auf dem Spiel steht. Die Anzahl der Situationen, in denen wir auf gute Beziehungen setzen, um uns das Leben zu erleichtern, ist nahezu unbegrenzt. Viele dieser großen und kleinen Hilfen nehmen wir wie selbstverständlich an und denken nicht weiter darüber nach. Erst wenn sie ausbleiben, merken wir, welch große Bedeutung sie für uns haben und wie sehr sie das Leben vereinfachen. Es ist einfach beruhigend, sich auf seine guten Beziehungen verlassen zu können.

Beziehungsnetze funktionieren nur bei gegenseitigem Geben und Nehmen. Wer eine Beziehung überstrapaziert, riskiert dabei, die Beziehung zu belasten. Das Wichtigste, um Beziehungen zu pflegen, ist jedoch, dass wir jede Beziehung zu schätzen wissen und das gegenseitige Vertrauen stärken.

Alle Menschen sehnen sich nach Vertrauen. Jeder Mensch braucht eine oder mehrere Personen, denen er vertrauen kann und die ihm vertrauen. Das macht Beziehungen belastbar, ermöglicht Sicherheit, Nähe und Verbindlichkeit im sozialen Miteinander und stärkt gleichzeitig das Vertrauen in die eigene Person. Nur lässt sich Vertrauen weder erzwingen noch per Knopfdruck anschalten – tatsächlich muss es sich jeder

Einzelne verdienen. Zugleich ist es schnell geschehen, dass Vertrauen wieder verloren geht. Und ein Vertrauensverlust lässt sich nur sehr schwer – falls überhaupt, dann nur über längere Zeiträume – wieder beheben.

Das Vertrauen, das andere Menschen in uns setzen, ist also ein kostbares Gut. Wieder ist es die Kommunikation, die uns hilft, Vertrauen aufzubauen – oder die dazu führt, Vertrauen zu verlieren. Im persönlichen Gespräch zeigt sich, ob wir jemandem mit Respekt, echtem Interesse und Wertschätzung gegenübertreten. Denn unsere eigene Haltung spiegelt sich in unserem Kommunikationsverhalten wider. Mit einer wertschätzenden inneren Haltung können wir das Vertrauen anderer Menschen gewinnen und auch erhalten.

Coaching-Impulse
für bessere Beziehungen und mehr Vertrauen

Wenn einige Menschen nicht alles gegeben hätten, wärest Du heute vielleicht nicht da, wo Du bist, und Du wärest womöglich nicht in der Lage, das zu tun, was Du heute kannst. Sei diesen Menschen dankbar, dass sie alles für Dich gegeben haben, egal wer sie waren, egal auf welchem Gebiet und egal, wie hoch der Preis möglicherweise gewesen ist.

Je mehr Du von den anderen erwartest, um so weniger wirst Du auch bekommen. Wenn Du den Menschen viel Nutzen stiftest, wirst Du dafür vieles bekommen, was Du niemals erwartet hättest.

Es reicht, den Menschen Beachtung zu schenken, die einem wichtig sind. Für alle, vor allem für diejenigen, die einem unwichtig sind, reicht die Zeit nicht.

Wenn vermeintliche „Freunde" Dich ausnutzen und Du anfängst, es zu merken, ist es Zeit, die „Freundschaft" als solche in Frage zu stellen. Manche Freunde entpuppen sich mit der Zeit als wahre Energieräuber. Je schneller Du erkennst, dass sie Deine Energie anzapfen, umso besser für Dich. Radikales Handeln ist oft die beste Option für Dich, denn Nehmer bleiben im Leben meistens Nehmer.

Denk an die Menschen, die Dir wichtig sind und immer für Dich da sind, wenn Du sie brauchst. Sage ihnen, wie wichtig sie für Dich sind. Nimm Dir regelmäßig Zeit für sie, denn Du weißt ja nicht, wie lange sie noch da sein werden und wie lange Du die Chance haben wirst, deren Gegenwart zu genießen.

Viele Kontakte, Beziehungen und Freundschaften sind in unserer schnelllebigen Welt auf Zeit angelegt. Statt traurig darüber zu sein, können wir es auch als große Chance sehen, ein bereicherndes wechselndes Umfeld zu schaffen, das wirklich zu uns, unseren Bedürfnissen, unseren Wünschen und unseren Werten passt.

Menschen tauchen in Deinem Leben auf und sie verschwinden manchmal auch aus Deinem Leben, weil sich die Lebenswege und Lebensentwürfe trennen. Akzeptiere diese Trennungen mit Weisheit, denn sie schaffen Raum für neue Begegnungen, für die Du offen sein solltest, da sie Dein Leben mit neuen Impulsen bereichern.

Jeder Mensch, mit dem Du Dich umgibst, hat ein bestimmtes Schwingungspotenzial. Einige Menschen schwingen positiv und motivierend nach, sogar Monate später kann Dich die Erinnerung an diese Momente oder diese Gespräche wieder aufbauen. Andere wiederum schwingen so negativ und demotivierend nach, dass Du Monate und noch Jahre danach es spüren kannst. Lerne, Dich mit genau den Menschen zu umgeben, deren Schwingung Dir gut tut. Es kann Dein Leben nachhaltig verändern.

Beziehungen, welcher Art auch immer, funktionieren auf die Dauer nur dann, wenn sie für beide Seiten bereichernd sind. Beziehungen, die nicht auf Geben und Nehmen basieren, sollten zumindest hinterfragt werden.

Wenn Du vertraust, läufst Du ganz automatisch Gefahr, enttäuscht zu werden. Es heißt jedoch nicht, dass Du in Zukunft nicht mehr vertrauen darfst, um nicht mehr enttäuscht zu werden. Vertrauen ist die Grundlage für wertvolle Beziehungen und Lebenserfolge, derer Du Dich sonst selbst berauben würdest.

Vertraue dem Leben. Es wird Dir genau die Antworten geben auf die Fragen, die Du Dir stellst und auch die Lösungen liefern für das, was Du glaubst, ein Problem zu sein.

Wer im Umgang mit Menschen erfolgreich ist, hat in seinem Leben schon sehr viel geschafft.

Je klarer Du bist, je konsequenter Du handelst, umso deutlicher wird Dir mit der Zeit auch, wer zu Dir gehört und wer nicht. Der Vorteil ist, dass Deine geistige Familie dann ein direktes Ergebnis Deiner Stellungnahmen, Deiner Handlungen und Entscheidungen ist. Diese geistige Familie ist wertvoller als eine Menge von meinungslosen Mitläufern und Trittbrettfahrern.

Menschen sind nicht unbedingt schlecht, uner-
träglich, unmöglich, etc., weil Du mit ihnen
nicht klar kommst. Es gibt Menschen, die ein-
zeln großartige Menschen sind. Zusammen
sind sie wiederum absolut inkompatibel. Wer
das versteht und akzeptiert, ist weise.

Das Leben ändert sich und das Leben ändert
Dich und die anderen. Vielleicht stellst Du
irgendwann mal fest, dass Menschen, die Dir
nahe standen, Dir mit der Zeit fremd geworden
sind. Ihr habt Euch entfremdet, weil Ihr Euch
in unterschiedliche Richtungen entwickelt habt
oder weil bei Dir oder beim anderen keine
Entwicklung stattgefunden hat. Akzeptiere,
dass Ihr Euch einander entfremdet habt. Sei
nicht traurig, es gehört zum Leben dazu. Dieses
Fremde ist ein Zeichen, dass Du Deinen eige-
nen Weg gegangen bist. Ohne dieses Fremde
gäbe es auch nicht dieses Eigene.

Du kannst nicht immer für andere geben und
für sie da sein, ohne selbst wieder aufzutanken.
Daher nimm Dir regelmäßige Auszeiten, um
wieder zu Dir selbst zurückzufinden.

Konzentriere Dich auf die Menschen, die Dir Freude bereiten, Dir Kraft geben und die Dich inspirieren. Das gibt Dir die Energie, die Du brauchst, um Deine volle Wirkung zu entfalten. Wenn Du Dich konsequent von den „Energievampiren" diverser Art trennst, steht Dir wieder viel Zeit zur Verfügung, die Du auch sinnvoll nutzen kannst.

Trenn Dich konsequent und dennoch liebevoll – soweit es geht – von den Menschen, die mit Deiner persönlichen Entwicklung nicht mithalten und vor allem Dich an Deiner Weiterentwicklung aktiv hindern. Sei dankbar für die Erfahrungen, die Du mit ihnen gemacht hast. Wenn Du loslässt, wirst Du Raum schaffen für neue Erfahrungen und Begegnungen, die auch wertvoll sind und Dich in Deiner aktuellen Entwicklung bestärken werden.

Willst Du es allen recht machen, ist es nicht der beste Weg, um Respekt zu verdienen. Bestenfalls wirst Du mild belächelt, schlimmstenfalls ausgenutzt werden. Dadurch steigt Dein Ansehen jedoch nicht.

Der Dialog ist immer noch der beste Weg, um Konflikte zwischen Menschen zu lösen. Egal wie vertrackt die Situation ist, ermöglicht der Dialog, jedem der Partner seine Sichtweise zu schildern. Wenn ein Dialog stattfindet, sind Lösungen oft schnell in Sicht. Wenn kein Dialog stattfindet, beginnen oft harte Kämpfe, die beide Partner belasten und unauslöschliche Spuren hinterlassen. Wenn Du keinen Krieg willst, such den Dialog. Sonst wird er meistens ausbrechen.

Dein persönlicher Erfolg hängt stark davon ab, von wem Du im Leben umgeben bist. Einige Menschen fördern Dich, bereichern Dich, inspirieren Dich. Andere bremsen Dich ab oder werfen Dich sogar in Deiner Entwicklung zurück. Suche Dir daher Deine Erfolgsumgebung sehr genau aus. Entferne Menschen, die Dich daran hindern, Deine großen Ziele zu erreichen, radikal aus Deinem Kontaktuniversum. Wenn es – aus welchen Gründen auch immer – nicht geht oder Du es nicht möchtest, reduziere den Kontakt zu den Erfolgsverhinderern auf ein Minimum.

5

Kommunikation und Einfühlungsvermögen

Ob beruflich oder privat – durchschnittlich kommuniziert jeder Erwachsenen täglich mit 14 verschiedenen Menschen. Das heißt auch, täglich treffen ebenso viele Kommunikationsstile aufeinander und bei jedem einzelnen Gespräch bilden sich die Beteiligten eine Meinung vom Gegenüber. Wie diese Meinung ausfällt, hängt wiederum vom Kommunikationsstil ab.

Bei der Kommunikation geht es zunächst darum, zu verstehen und verstanden zu werden. Jeder weiß, dass schon hier einiges schieflaufen kann. Überall wird unendlich viel Zeit und Energie verschwendet, weil die Menschen aneinander vorbeireden und sich missverstehen. Im Privatleben ist das überaus ärgerlich und kann die Beziehungen der Menschen untereinander mitunter schwer belasten; im Beruf kann ein schlechter Kommunikationsstil geschäftliche Erfolge oder Karrieresprünge vereiteln.

Obendrein zeigt sich in der Kommunikation eines Menschen seine Persönlichkeit. Wir beurteilen einen Menschen danach, was und wie er mit uns und anderen kommuniziert. Sein gesamtes Verhalten im Gespräch entfaltet dabei eine bestimmte Wirkung auf uns, die wir dann positiv oder negativ bewerten. Überhaupt spielen Emotionen in Gesprächen eine bedeutende Rolle und entscheiden darüber, wie ein Gespräch verläuft.

Ob es im Gespräch gelingt, sich verständlich zu machen und die Aussagen eines Gesprächspartners zu verstehen, hängt deshalb nicht zuletzt von der eigenen inneren Einstellung ab: Wer sich mit anderen verständigen will, muss zunächst einmal bereit sein, sich auf die Gesprächssituation einzulassen. Dazu gehört auch, Vorurteile und andere störende Emotionen beiseite zu lassen. Das gelingt, wenn wir uns bewusst machen, wie ein Gegenüber und das Gespräch auf unsere Emotionen und damit auf das eigene Kommunikationsverhalten wirken.

Ein gutes Gespräch lebt außerdem von der Bereitschaft, nicht nur die Worte des Gesprächspartners, sondern auch das, was er tatsächlich damit meint, zu verstehen. Ohne Einfühlungsvermögen kann das nicht gelingen. Wer sich für die Worte des Gesprächspartners verschließt, nur mit einem Ohr hinhört und glaubt, ohnehin schon alles oder wenigstens vieles besser zu wissen, kann auch keinen direkten Draht zum Gesprächspartner aufbauen. Wer sich jedoch aufmerksam und interessiert zeigt, die eigenen Worte bewusst wählt und wirklich verstehen will, steigert die Chancen, dass eine erfolgreiche Verständigung über das, worum es wirklich geht, zustande kommt.

Wer sich in die Gefühls- und Gedankenwelt eines Gesprächspartners hineinversetzt, kann viel schneller auf das Wesentliche einer Sache kommen, ohne sich in Missverständnisse, Fehlinterpretationen und Nebensächlichkeiten zu verlieren. Man selbst kann die Gedanken des Gegenübers besser nachvollziehen und hat es so übrigens auch leichter, den anderen von den eigenen Ansichten zu überzeugen. Denn nur unter dieser Voraussetzung wird eine Argumentation möglich, die auch zum Gegenüber passt und seine Gedanken, Hoffnungen und Befürchtungen berücksichtigt.

Coaching-Impulse
für bessere Kommunikation und
mehr Einfühlungsvermögen

*Gelingende Gespräche beflügeln, motivieren
zu weiteren Handlungen. Sie sparen Zeit und
Energie. Misslungene Gespräche kosten den
letzten Nerv. Führe gelingende Gespräche und
– wenn es nicht geht – tausche die Gesprächspartner aus.*

*Es ist nicht immer so, wie es Dir scheint. Aus
einem anderen Blickwinkel sieht es vielleicht
schon ganz anders aus.*

*Wenn Du glücklich sein willst, konzentriere
Dich auf das, was Dir wichtig ist, schenk den
Menschen, die Dich wertschätzen, Deine volle
Aufmerksamkeit, nimm Dir Zeit für sie. Halte
vor allem auch Menschen konsequent von Dir
fern, die Dich durch ihre negative Haltung
Deinem Ziel, glücklich zu sein, keinen Schritt
näher bringen.*

Wenn Du dauerhaft Erfolg haben willst, setzt es voraus, dass Du Dich mit den Menschen vernetzt, die Dich Deinen Zielen ein Stück näher bringen und dass Du Dich gleichzeitig von den Menschen trennst oder Abstand hältst, die Dich von Deinen Zielen abbringen.

Zu einigen Menschen hast Du vielleicht auf Anhieb keinen besonderen Zugang. Statt ihnen gleich ein Etikett aufzukleben, „der ist so und so", begegne ihnen in Zukunft wertungsfrei und freue Dich über das, was Du von ihnen lernen kannst. Es gibt kaum jemand, der nicht auch sympathische Seiten hat, wenn Du genauer hinschaust und Dich auf diese Person einlässt. Verabschiede Dich vom Schubladendenken, lerne die liebevollen Seiten ihres Wesens entdecken und nimm sie an.

Wenn Du die nächste Stufe Deines Wachstums erreichen möchtest, ist es oft notwendig, gerade mit Menschen in Kontakt zu kommen und zusammen zu arbeiten, die Dich über Deine Grenzen hinaus fordern und fördern.

*Mit einigen Menschen bist Du schnell auf der
gleichen oder auf einer ähnlichen Wellenlänge,
mit anderen nicht. Das spürst Du schnell. Hör
auf dieses Bauchgefühl in solchen Situationen.
Du kannst und musst nicht mit jedem Freund
sein. Das schützt vor mancher späteren Enttäuschung.*

*Selbst wenn Gegensätze und Meinungen
unüberbrückbar erscheinen und Deine persönlichen Ansichten sich ganz erheblich von
denen des Gesprächspartners unterscheiden,
bringt die direkte Konfrontation selten viel ein.
Deshalb ist es klüger, sich trotz aller Gegensätze
auf die Suche nach kleinen Gemeinsamkeiten
zu machen. Die gibt es fast immer! Auf dieser
Basis können dann selbst kontroverse Gespräche sehr fruchtbar sein und sogar im ersten
Anlauf zu einer Lösung führen.*

*Die Handlungen Deines Gegenübers sagen
mehr über seine tatsächlichen Absichten, seine
Gesinnung und seine wahre Einstellung zu
Dir aus als die schönen Worte, die aus seinem
Munde kommen.*

Warum solltest Du Mauern errichten, wenn es möglich ist, Brücken zu bauen?

Klartext zu reden ermöglicht es, in der Kommunikation wieder Grenzen zu setzen, wenn sie überschritten wurden. Ein Klärungsgespräch kann danach auch zur Klärung der Situation für alle Beteiligten beitragen.

Wer laut ist, hat nicht unbedingt etwas zu sagen. Gib den Leisen eine Chance.

Die Welt hält Dir ständig einen Spiegel vor in Form von Begegnungen und Kontakten mit anderen Menschen. Sie helfen Dir, zu verstehen, wer Du wirklich bist, was Du willst und auch, wer Du nicht bist und was Du nicht willst. Die Frage ist nur, ob Du offen bist für diese Form von sehr subtilem Feedback.

Wenn Du nichts Qualifiziertes zu einem Thema zu sagen hast, schweig einfach. Schweigen ist oft ein Zeichen emotionaler Intelligenz. Dummschwätzerei ist immer ein Zeichen mangelnder emotionaler Intelligenz.

Viele Menschen leben zusammen, nur sie füh-
ren weitestgehend ein getrenntes Leben. Die
Herausforderungen der heutigen Zeit sind
enorm hoch für jeden einzelnen von uns. Wenn
Du in einer Beziehung lebst, sprich regelmäßig
mit Deinem Partner oder Deiner Partnerin,
unternimm regelmäßig etwas mit ihm oder mit
ihr, bevor Ihr Euch auseinanderlebt und es zu
spät für eine gemeinsame Beziehung ist.

Bevor Du anfängst, jemanden zu belehren,
frage Dich vorher, was Dein Gegenüber schon
weiß. Möglicherweise weiß er über ein Thema
viel mehr, als Du denkst, und Du machst Dich
mit Deinen Belehrungen bestenfalls lächerlich,
schlimmstenfalls unbeliebt.

Rede mit den Menschen, mit denen Du Frie-
den schließen möchtest. Wenn diese – wider
Erwarten – nicht mit Dir reden wollen, schließe
dennoch Frieden mit ihnen und biete ihnen
weiterhin die Möglichkeit an, mit Dir zu reden,
wenn sie dazu bereit sind. Alles, was noch
ungeklärt ist, beschäftigt Dich sonst immer
noch.

Kein Problem wird dadurch gelöst, dass Du lieber in einträchtiger Harmonie mit Deinen Mitmenschen leben und Konflikte vermeiden möchtest, statt Dich den vorhandenen Schwierigkeiten zu stellen. Stell Dich schnellstmöglich den wirklichen Problemen und den echten Konflikten, um für die Zukunft handlungsfähig zu bleiben. Denn ungelöste Konflikte führen langfristig zu Blockaden und hindern Dich an Deinem eigenen Fortkommen.

Mit einem einzigen ermutigenden Wort kannst Du einen Menschen auf eine wunderbare Reise schicken, deren Ziel Du selbst noch nicht ahnst. Worte bewegen.

Auf dem Wege zu Deinen Zielen werden Dir Menschen begegnen, mit denen Kommunikation auf Anhieb reibungslos funktioniert, mit denen Du wunderbar zusammenarbeiten kannst. Mit anderen wiederum gestaltet sich die Zusammenarbeit oft von Anfang an kompliziert, alles ist mühsam. Konzentriere Dich auf erstere, damit Du auch mit Freude und Leichtigkeit Deine Ziele erreichen kannst.

Manche Beziehungen sind ständig von latenten oder offenen Konflikten überschattet. Wenn auf der menschlichen Ebene zu vieles im Argen liegt, hilft auch leider kein Gespräch mehr. Auseinandergehen ist oft die beste aller Optionen, sowohl privat als auch geschäftlich.

Fast jeder von uns braucht jemand, der ihn häufig oder ab und zu mal motiviert. Auch oder gerade die ganz Erfolgreichen sind oft von Menschen umgeben, die ihnen einen regelmäßigen Motivationsschub geben. Überlege Dir, wer Dich in deinem näheren Umfeld regelmäßig motivieren kann, Deinen Weg weiterzugehen, auch wenn die Motivation sinkt oder sich die Hindernisse auftürmen. Ein Motivator ist für die Erreichung Deiner Ziele Gold wert.

Solange Dich keiner kennt, helfen Dir das beste Wissen, das beste Produkt und die beste Dienstleistung gar nicht. Sorge deswegen dafür, dass Du bekannter und sichtbarer wirst, dann öffnet sich auch manche Tür.

6

Entscheidungen und Konsequenz

Vielen Menschen fällt es schwer, wichtige Entscheidungen zu treffen und die getroffene Entscheidung konsequent in die Tat umzusetzen. Aus Sorge, die falsche Entscheidung zu treffen, werden gerade die Entscheidungen mit größerer Tragweite allzu gern aufgeschoben – oder wir treffen sie aus reiner Gewohnheit so, wie wir sie schon immer getroffen haben.

Dann stellt sich die Frage, ob wir eine solche Entscheidung tatsächlich selbstbestimmt in unserem Inneren getroffen haben oder ob sie doch eher ein Ergebnis der äußeren Erwartungen ist. Zudem nutzen wir bei wichtigen Entscheidungen auch gern den Trick, uns noch ein Hintertürchen offen zu halten. Nur ist es dann kein Wunder, wenn die Entscheidung mit nur wenig Konsequenz verfolgt wird – denn letztlich sind wir in solchen

Momenten oft selbst noch unentschieden und täuschen eine Entscheidung eher vor.

Was uns zudem nicht bewusst ist: An bestimmten Wegmarken angelangt, ist es letztlich unmöglich, nicht zu entscheiden. Denn auch die Entscheidung, etwas nicht oder erst später zu entscheiden, ist bereits eine Entscheidung, wenn auch meist nicht die beste. Entscheidungen zu vertagen ist deshalb nur dann sinnvoll, wenn momentan noch Informationen fehlen, um eine optimale Entscheidung fällen zu können. In allen anderen Fällen ist Abwarten eher eine Aufschiebetaktik als eine probate Lösung.

Entscheidungen bedeuten immer Veränderungen. Deshalb setzt Entscheidungskompetenz auch Veränderungsbereitschaft voraus. Doch Veränderungen sind oft mit Ängsten verbunden. Als Folge drücken wir uns vor Entscheidungen oder setzen sie nur halbherzig um. Statt konsequent eine neue Richtung einzuschlagen, wird stur an alten Strukturen festgehalten. Das Ergebnis ist dann Stillstand. Denn solange eine notwendige Entscheidung nicht gefallen ist, bleibt alles beim Alten. Die richtigen Entscheidungen zum rechten Zeitpunkt zu treffen, schafft hingegen Orientierung und ermöglicht ein zielgerichtetes Handeln.

Nur das selbstbestimmte Denken ermöglicht sichere Entscheidungen und eine konsequente Umsetzung. Doch viele unserer Entscheidungen und Handlungen werden von unbewussten Faktoren bestimmt, die auf unsere Denkprozesse selbst einwirken und damit auch unsere Entscheidungen beeinflussen. Dies sind vor allem feste Denkgewohnheiten oder ausgeprägte Denkmuster, denen unsere Gedankengänge immer wieder folgen. Dadurch entstehen starre Denkstrukturen, die Flexibilität, Offenheit und Unvoreingenommenheit verhindern.

Gerade wenn hinsichtlich einer Entscheidung große Unsicherheit besteht, ist es sehr hilfreich, sich die Faktoren ins Bewusstsein rufen, die das Denken und die Gefühle beeinflussen. Wer sich bewusst macht, woher die mit einer Entscheidung verbundenen Gedanken und Gefühle kommen, hat es oft leichter, flexibel, offen und variantenreich zu denken und weitsichtige Entscheidungen zu treffen. Das hilft dann auch, die Entscheidung mit aller Konsequenz in die Tat umzusetzen.

Coaching-Impulse
für bessere Entscheidungen und mehr Konsequenz

Es ist nie zu spät für ein neues Leben. Wenn Du es wünschst, liegt es an Dir, die Entscheidungen zu treffen, die alles in Rollen bringen werden. Der beste Zeitpunkt für solche Entscheidungen ist oft jetzt. Wer weiß, ob Du sie morgen treffen wirst oder noch treffen kannst?

Wenn Dir Deine Freiheit wichtig ist, mache davon auch Gebrauch. Triff Entscheidungen in eigener Sache, vertraue Dir selbst und unternimm das, was aktuell ansteht oder schon längst nach Verwirklichung schreit. Eine Freiheit, von der wir nicht Gebrauch machen, bleibt eine theoretische Freiheit.

Du kannst Dich über etwas oder jemanden ärgern. Du musst Dich jedoch nicht ärgern. Wenn Du es tust, ist es und bleibt es eine freiwillige Entscheidung.

Wenn Du heute eine lebenswichtige Entschei-
dung triffst, wird Deine Lebensrealität in 1000
Tagen ganz anders aussehen. Heute kannst
Du den Grundstein legen für Deine zukünftige
Lebensrealität. Du kannst es auch lassen.

Lebenserfolg ist oft mit intuitiven Entscheidun-
gen eng verknüpft . Verlasse Dich in Zukunft
häufiger auf Dein Bauchgefühl bei Entschei-
dungen, indem Du Deinen intuitiven Wissens-
schatz anzapfst, dieses umfangreiche Ur-Wissen
aus dem Unterbewusstsein ins Bewusstsein
holst. Hilf Deiner Intuition auf die Sprünge,
indem Du immer häufiger „kleinere" Entschei-
dungen aus dem Bauch heraus triffst. Viele der
Erfolgreichen haben ihre Erfolge ihrer inneren
Stimme zu verdanken, der sie regelmäßig fol-
gen. Probiere es aus.

Deine innere Unruhe ist nicht selten ein lauter
Hilferuf aus den eigenen Tiefen, Dich endlich
auf das Spielfeld des Lebens zu wagen. Es mag
sein, dass Du ihn lange überhörst. Leiser wird
er deswegen nicht.

Deine Lebensfreude kannst Du wesentlich steigern, indem Du Dich auf Tätigkeiten konzentrierst, die Dir liegen und Dir richtig Spaß machen, und indem Du konsequent die Menschen von Dir fernhältst, die am meisten Ärger verursachen.

Vielleicht fürchtest Du Dich davor, für Dich selbst „Lebensentscheidungen" zu treffen, weil Du denkst, es könnte ein Fehler sein, diese Entscheidung zu treffen. Meistens ist es im Leben – umgekehrt – ein Fehler, gar keine Entscheidungen zu treffen. Woher sollen dann Ergebnisse zustande kommen? Klar, kannst Du einen Misserfolg erleben, wenn Du eine Entscheidung triffst. Nur wenn Du nie eine Entscheidung triffst, wirst Du nie Erfolge erleben. Unser Lebenserfolg ist oft die Summe der Entscheidungen, die wir getroffen haben.

Du kannst von einer rosigen Zukunft lange träumen, wenn Du nicht in der Gegenwart handelst. Dem Schicksal kannst Du auf die Sprünge helfen, indem Du jetzt anfängst, zu entscheiden und zu handeln.

Wenn Du eine Entscheidung triffst, solltest Du wissen, warum und wozu Du diese Entscheidung triffst, denn eine Entscheidung bedeutet ein zukünftiges Engagement. Eine fällige Entscheidung nicht zu treffen, bindet wiederum auch unnötig viel Energie. Bevor Du eine Entscheidung triffst, frage Dich immer, ob diese Entscheidung Dich Deinen persönlichen Zielen ein Stückchen näher bringst oder nicht.

Menschen, Situationen oder Konstellationen, die Dir nicht gut tun, entziehen Dir massiv Energie oder machen Dich krank. Gib ihnen keine Macht über Dich, lass nicht zu, dass es soweit kommt, und vor allem ziehe die Konsequenzen daraus.

Fang lieber jetzt an, Dein Vorhaben umzusetzen, auch wenn nicht alles ideal ist, statt den Starttermin ewig aufzuschieben. Den Zeitpunkt, zu dem die Rahmenbedingungen ideal sind, gibt es nicht. Oft ist der beste Zeitpunkt zum Starten jetzt. Auf die Gefahr hin, dass nicht alles perfekt ist. Nur einen Vorteil hat es: Du hast das Ganze in Bewegung gebracht.

Überlegen kann manchmal sehr sinnvoll sein. Allein vom Überlegen sind noch nie Ergebnisse zustande gekommen. Wenn Handeln angesagt ist, ist Überlegen fehl am Platz. In vielen Fällen bleibt es lediglich eine Ausrede, um das ausbleibende Handeln zu rechtfertigen. Statt ewig zu überlegen, handle einfach.

Das Universum wird Dir schon helfen und für Dich sorgen. Nur Du solltest auch dem Universum die Chance geben, Dir zu helfen, indem Du etwas unternimmst, um das zu erreichen, was Du an Zielen erreichen möchtest. Ohne Handlung von Dir wirst Du keine nennenswerte Veränderung erleben.

Lebst Du Dein Leben bewusst oder wirst Du gelebt? Viele leben mit den Konsequenzen von Entscheidungen, die andere für sie getroffen haben. Wenn Du anfängst, Entscheidungen bewusst zu treffen, fängst Du an, Deine Lebenswirklichkeit bewusst zu gestalten. Bewusst entscheiden ist der erste Schritt in ein bewusst gelebtes Leben.

*Wenn Neues in Deinem Leben entstehen soll,
setzt es meistens – abgesehen von den Dingen,
die Dir zufallen, eine Entscheidung voraus,
gegen etwas oder für etwas, gegen jemand oder
für jemand. Wenn Du keine Entscheidung
triffst, brauchst Du Dich nicht zu wundern,
dass sich nichts verändert. Entscheide, was Du
entscheiden möchtest.*

*Es gibt keine perfekten Bedingungen zum
Durchstarten. Der beste Zeitpunkt ist meistens
jetzt und nicht morgen. Wenn Du auf perfekte
Bedingungen wartest, wirst Du lange warten.
Das Leben wartet allerdings nicht auf Dich.*

*Je mehr Entscheidungen Du triffst, um so wahr-
scheinlicher ist es, dass Du wertvolle Ergebnisse
erzielst. Ohne Entscheidungen bleiben Ergebnisse aus.*

*Die falschen Entscheidungen, die Du in der
Vergangenheit getroffen hast, müssen nicht
den Rest Deines Lebens bestimmen. Triff neue
Entscheidungen, die sich so auswirken, dass Du
auch die gewünschten Ergebnisse erzielst.*

Wenn Du etwas, das Dir besonders am Herzen liegt, aufschiebst, frage Dich immer, wie lange Du noch warten willst, um endlich damit zu beginnen. Je länger Du wartest, um so weniger Zeit bleibt Dir im Leben de facto übrig, um Deine Herzensprojekte zu realisieren.

Vieles in unserem Leben ist viel zu kompliziert, so dass wir oft den Überblick verlieren oder tägliche Tätigkeiten als frustrierend erleben. Lass daher in Deinem Leben das „Prinzip Einfachheit" walten, überall wo es geht und so oft es geht. Vereinfachungen erleichtern unser Leben und dann darf Erfolg ja einfach sein. Viele erfolgreiche Menschen orientieren sich in ihrem täglichen Handeln nach diesem „Prinzip Einfachheit".

Bei schwierigen Entscheidungen hilft Dir meistens keiner, aus welchen Gründen auch immer. Sie müssen oft dennoch getroffen werden. Daher gehört so viel Mut dazu, schwierige Entscheidungen zu treffen. Wenn Du sie nicht triffst, willigst Du in einen Status quo ein.

7

Sehnsüchte und Veränderungen

Das eigene Leben mit Blick auf die Zukunft auszurichten und immer wieder neue Sehnsüchte zu entwerfen, ist eine wesentliche Eigenart des Menschen. Wir geben uns nicht mit Erreichtem zufrieden, sondern entwickeln stets neue Wünsche und Begehrlichkeiten und entwerfen vor unserem geistigen Auge mehr oder weniger klare Vorstellungen von unserem zukünftigen Leben. Ein solcher Blick auf unsere eigene Zukunft hat ganz entscheidende Auswirkungen auf Entscheidungen und auf die eigene Lebensführung, denn die zu Visionen gewordenen Sehnsüchte setzen Anhaltspunkte für die Orientierung auf dem eigenen Lebensweg.

Träume, Wünsche und Sehnsüchte eröffnen uns – sogar wenn sie auf den ersten Blick utopisch erscheinen – neue Sichtweisen und Möglichkeiten, das eigene Leben zu gestalten. Wenn sie fehlen oder verdrängt werden, reagieren wir in unserer Lebensgestaltung und Persönlichkeitsentwicklung häufig nur auf unmittelbare Einflüsse wie dringende Sachzwänge, situationsbedingte Impulse, emotionale Zustände, offensichtliche Optionen oder Bestimmungen durch andere. Dabei vernachlässigen wir dann die Lösungen und Optionen, die sich vielleicht erst auf den zweiten oder dritten Blick zeigen oder ein gewisses Maß an Kreativität und Bewusstmachung sowie eine längerfristige Perspektive erfordern. Wir beschneiden dadurch selbst unsere vielfältigen Gestaltungsmöglichkeiten, die unser Leben und unsere Persönlichkeit bereichern könnten.

Sehnsüchte zeigen uns, was sein könnte. Der Schritt zur Realisierung führt über konkrete Ziele, die wir uns setzen. Denn der Wunsch allein ist noch zu diffus, um daraus klare Handlungsoptionen ableiten und klare Entscheidungen treffen zu können. Kristallisiert sich ein Ziel heraus, stellt sich die Frage, ob wir auch tatsächlich für die Veränderung bereit sind. Viele Menschen träumen von etwas Zukünftigem, machen jedoch einen Rückzieher, wenn aus einer Sehnsucht konkrete Ziele entstehen. Die Ursache ist meist die Angst vor Veränderungen.

Wir haben zwar unsere Sehnsüchte, doch wenn es darum geht, konkrete Veränderungen einzuleiten, ist der Drang nach Sicherheit oft größer. Veränderungen werden zunächst häufig mit großer Skepsis betrachtet. Die Veränderungsbereitschaft steigt, wenn man sich die negativen Gefühle bewusst macht, statt ein Ziel vorzeitig aufzugeben. Am leichtesten fallen Veränderungen dann, wenn es gelingt, Vorfreude auf das Neue zu entwickeln.

Fest steht: Ohne die Bereitschaft für Veränderungen wird sich niemals etwas ändern. Und um Veränderungen möglich zu machen, gilt es, die eigenen Lebensumstände zu erkennen, sie regelmäßig infrage zu stellen, um schließlich selbst damit beginnen zu können, Sehnsüchte zuzulassen und Veränderungen einzuleiten.

Coaching-Impulse, um Sehnsüchte zu spüren und Veränderungen vorzunehmen

Wenn Du Dein eigenes Leben wirklich leben willst, wirst Du nicht umhin kommen, Dich von dem Leben zu verabschieden, das andere für Dich geplant haben oder sich noch ausdenken und das Du in dieser Form nicht leben willst. Du bist nicht da, um die Lebenswünsche anderer in Erfüllung gehen zu lassen, sondern um Deine eigenen Wünsche aktiv und selbstbewusst auszuleben.

Wenn Du Deiner Berufung folgen willst, heißt es oft, Dauerurlaub zu nehmen, um das loszuwerden, was Dich nicht mehr erfüllt. Ohne Abschied vom Alten bleibt das Neue oft ein Traum, der nie verwirklicht wird.

Egal, wo Du heute stehst, kannst Du beschließen, dass heute der erste Tag eines neuen und besseren Lebens ist.

Wenn Du Dir etwas nicht vorstellen kannst, liegt es nicht unbedingt an einer mangelnden Fantasie, sondern oft daran, dass Du mit anderen Lebensrealitäten noch nicht in Berührung gekommen bist. Wenn Du Deinen Horizont erweiterst und in andere Lebenswelten eintauchst, erweiterst Du auch Deine Denkmöglichkeiten.

Wenn Du ein Traumleben führen willst, ist es fast immer notwendig, dass Du für die Verwirklichung Deiner Träume aktiv etwas tust, sonst bleibt es ein Traumleben im wahrsten Sinne des Wortes. Die Verwirklichung Deiner Träume wird Dir nur in den seltensten Fällen auf dem Silbertablett geliefert werden.

Manchmal ergibt sich im Leben ein neuer Weg, den Du nie geplant hast und auch nicht planen konntest. Wenn Du diesen Weg einschlägst, kann es für Dich die absolute Erfüllung bedeuten, auch wenn alles dagegen spricht. Lasse Dir nicht von anderen einreden, es wäre der falsche Weg.

Die Kindheitsträume sterben nie. Sie leben trotz aller Verdrängung weiter. Sie bleiben oft unter einer dicken Schicht von Zwängen, Verpflichtungen und Gewohnheiten begraben. Lass sie wieder aufleben!

Egal, wovon Du träumst und was Dich davon abhält, diesen Traum zu leben, gibt es nur eine Chance zu erfahren, ob es möglich ist, diesen Traum endlich zu verwirklichen. Fang an, das zu tun, was Du willst, was Dir Spaß macht und was Dir liegt. Noch nie waren die Chancen, diesen Traum zu verwirklichen, so vielfältig wie heute.

Zu behaupten, wir hätten keine Wahl, ist oft eine große Selbstlüge. In vielen Fällen haben wir durchaus die Wahl, etwas zu verändern, an unserer Partnerschaft, an unserem Wohnort, an unserem Job, an unserer Lebenssituation. Nur wir wollen nicht, weil es unbequem ist, weil es mit Entscheidungen verbunden wäre, die nicht revidierbar sind. Also sagen wir lieber, wir hätten keine Wahl.

*Tue im Leben, was Du wirklich liebst. Triff
auch Entscheidungen, die es ermöglichen, dass
Du Dein Traumleben lebst. Das Leben ist einfach zu kurz, um nur davon zu träumen.*

*Veränderung ist ganz einfach. Triff die Ent-
scheidung, mit etwas aufzuhören oder mit
etwas anzufangen und tue es einfach. Einfacher
geht es nicht. Falls überhaupt nötig, lass Dich
bei der Umsetzung begleiten.*

*Du kannst immer auf bessere Zeiten hoffen, im
Glauben, dass sich etwas verändern wird, wenn
Du den Zeitpunkt der Veränderung von der
Gegenwart in eine ferne Zukunft verlegst. Es
kann aber auch sein, dass Du Dich einfach her-
ausredest, weil Du Angst hast, Dich überhaupt
zu verändern.*

*Wenn Du das Gefühl hast, nicht das Leben
zu führen, das Du leben möchtest, kannst
du „fremdleben“, um Deinem jetzigen Leben
einen neuen Impuls und eine neue Richtung zu
geben, damit Du endlich das Leben führst, das
Du leben möchtest.*

Du hast viel mehr Macht über Dein Leben als Du denkst. Es liegt nur an Dir, ob Du etwas anderes machen oder ob Du etwas an Deinem Leben verändern möchtest. Ohnmacht ist oft angelernte Ohnmacht und die beste Ausrede für unterlassene Handlungen. Überlege, wozu Du ,ermächtigt' bist und was Du alles verändern kannst, wenn Du anfängst ,eigenmächtig' Entscheidungen zu treffen.

Veränderung findet nicht in Büchern, nicht in Seminaren, nicht in Coachings, nicht in Vorträgen statt. Du kannst Dich natürlich sattlesen oder satthören, es hilft absolut nichts, wenn Du in Deinem Leben nichts änderst. Veränderungen finden erst dann statt, wenn DU handelst. Solange dies nicht der Fall ist, lügst Du Dir selbst in die Tasche.

Sei nicht so hart zu Dir selbst, wenn nicht alles auf Anhieb klappt. Jede Veränderung, jede Weiterentwicklung braucht Zeit. Akzeptiere, dass es nicht immer so klappt, wie Du es Dir wünschst. Viel wichtiger ist jedoch, dass Du angefangen hast und dran bleibst.

*Loslassen von der Vergangenheit, von sinn-
losen Beziehungen, von uralten Plänen, von
belastenden Verpflichtungen macht Raum frei
für Neues. Wenn Du merkst, dass bestimmte
Konstellationen, in die Du verstrickt bist, für
Dich nicht mehr stimmig sind, triff am besten
gleich eine Entscheidung, die in dem Moment
vielleicht schwer und schmerzhaft ist, Dir
jedoch den Weg freimacht für neue Erfahrungen. Wenn Du krampfhaft festhältst an Vergangenem, auch wenn Du darin selbst keinen
Sinn mehr siehst, wird es bestenfalls nur Frust
erzeugen. Nur wenn etwas für Dich stimmig ist,
wird es Dich auch mit Freude erfüllen. Für uns
Sinnloses kostet nur Kraft.*

*Wenn Du etwas Neues unternimmst, gibt Dir
Dein Umfeld womöglich manch wohlgemeinte
Ratschläge. Du musst sie gar nicht annehmen,
denn oft kommen solche wohlgemeinten Ratschläge nur, weil Du Dein Umfeld mit Deinen
Plänen oder Lebensvorstellungen irritierst und
dieses mit Deinem Handeln in seinem „Kom-
fortmodus" einfach störst.*

Auch wenn Du im Leben schon viel erreicht hast, spürst Du vielleicht, dass Du noch vieles zu erleben hast, und vor allem noch vieles erreichen kannst. Wenn Du diesen brennenden Wunsch in Dir spürst, egal in welchem Bereich, ist es nie zu spät, neu durchzustarten. Jetzt ist der richtige Zeitpunkt.

Alles in Deinem Leben sind Geschenke auf Zeit. Alles ist geliehen, wirklich alles. Genieße den Augenblick, das Hier und Jetzt. Morgen könnte es vorbei sein. Da alles nur geliehen ist, hör endlich auf, Dich krampfhaft an Dingen oder Menschen festzuklammern. Nichts und niemand gehört Dir. Es ist alles nur geliehen.

Fang an, Dich auf das zu konzentrieren, was Du verändern kannst. Alles andere ist verlorene Zeit. Erfolg besteht darin, den Fokus auf das zu richten, was wir auch beeinflussen können.

Einige Träume lassen uns nachts aufwachen. Andere lassen uns nicht einschlafen. Sie melden sich immer wieder. Gib ihnen eine Chance, verwirklicht zu werden.

8

Erfolg und Ziele

Jeder will erfolgreich sein, doch jeder versteht unter dem Begriff Erfolg etwas anderes. Viele denken hierbei zuerst an eine steile Karriere und an den finanziellen Erfolg. Anderen ist es wichtig, das machen zu können, was ihnen – beruflich und privat – Freude bereitet. Wieder andere sehen es als Erfolg, wenn sie das Beste aus einer Situation machen oder wenn sie das haben, was sie brauchen, um glücklich und zufrieden zu sein. Erfolg hat also für jeden Menschen eine andere Bedeutung, vor allem dann, wenn man bedenkt, dass es im Leben nicht nur den einen großen Erfolg, sondern viele kleine Erfolge gibt.

Ganz allgemein wird Erfolg als das Erreichen selbst gesetzter Ziele beschrieben. Das heißt: Ohne Ziele stehen unsere Erfolgsaussichten schlecht. Passende Ziele können wir jedoch nur finden, wenn wir genau wissen, was wir überhaupt wollen. Deshalb ist auch der Erfolg mit Selbsterkenntnis verbunden: Wer nicht weiß, was für ihn persönlich von Bedeutung ist, wird es schwer haben, präzise Ziele zu formulieren und sie auch zu erreichen. Ein Ziel beschreibt einen Zustand, der in Zukunft erreicht werden soll. Die genaue Kenntnis und das bewusste Formulieren der eigenen Ziele sind notwendige Bedingungen zu deren Verwirklichung. Wer seine Ziele nicht kennt, wird sie nie erreichen können.

Viele Ziele kommen eher von außen als aus dem eigenen Inneren. Nicht selten eignen wir uns vermeintliche Ziele von unseren Mitmenschen an, weil wir (unbewusst) glauben, dieses Ziel müsse auch für uns besonders wichtig sein. Zudem wird manche Zielsetzung von uns erwartet. Gerade die Ziele im beruflichen Werdegang unterliegen häufig solchen Fremdeinflüssen, doch auch private Entscheidungen können davon betroffen sein. Jedoch kann nur die Verwirklichung von tatsächlich eigenen Zielen Zufriedenheit und Erfolg nach sich ziehen, da alles andere langfristig halbherzig und ohne echtes Engagement bleiben oder – bei Erreichen des Zieles – nur geringe Befriedigung mit sich bringen wird.

Natürlich ist es wenig sinnvoll, sich Ziele zu setzen, die so hochtrabenden, unrealistischen Ansprüchen folgen, dass ein Erreichen uns Unmögliches abverlangen würde. Ziele sind vor allem dann sinnvoll, wenn sie konkret formuliert, durchaus auch ambitioniert, jedoch nicht überfordernd und realistisch sind. Vor allem müssen sie zur eigenen Persönlichkeit passen. Und auch bei Zielen gilt: Es ist wichtiger zu wissen, was man will, statt nur das zu kennen, was man nicht will!

Sich neue Ziele zu setzen oder auch nur damit zu befassen, welche Ziele man ins Auge fassen könnte, ist immer eine gute Idee und zumindest aufschlussreich. So sehen wir, wo wir stehen und wohin wir wollen. Dabei beantwortet sich die Frage, was Erfolg für einen ganz persönlich bedeutet, obendrein ganz von selbst. Bei vielen Zielsetzungen zeigt sich, dass berufliche Erfolge selbstverständlich legitime Ziele sind, dass sie allein jedoch noch keinen persönlichen Erfolg ausmachen.

Letztlich besteht Erfolg darin, einen Grad der Zufriedenheit und Eigenständigkeit zu erreichen, der eine selbstbestimmte Lebensführung ermöglicht – und der berufliche Erfolg ist hier nur ein, wenn auch ein wichtiges Element des persönlichen Erfolges.

Coaching-Impulse, um mehr Erfolg zu haben und Ihre Ziele zu erreichen

Eine wichtige Konstante, die Erfolg kennzeichnet und im Leben erfolgreicher Menschen immer wieder auftaucht, ist die Fähigkeit, mit ungeplanten Veränderungen umzugehen. Erfolgreiche wissen genauso wenig wie andere, finden jedoch ständig Lösungen, um souverän mit den Schwierigkeiten fertigzuwerden, mit denen sie nicht gerechnet hatten.

Wie Obst Zeit braucht, um zu reifen, brauchen wir alle Zeit, um unsere Ziele zu erreichen. Misserfolg ist oft das, was wir täglich unterlassen und Erfolg das, was wir täglich tun.

Wenn Du eine klare Vorstellung von dem hast, was Du willst, steigerst Du deine Chancen, es auch zu erreichen, um ein Vielfaches. Je klarer die Vorstellung, um so einfacher ergeben sich die einzelnen Schritte zu Deinen Zielen.

*Wenn Du in zehn Jahren auf das Erreichte
zurückblicken wirst, wirst Du feststellen, dass
das Erreichte das Ergebnis dessen ist, was Du
in den letzten Jahren täglich unterlassen hast
oder wiederum täglich getan hast. Unsere
zukünftigen Erfolge sind die Summe der kleinen Schritte, die wir jeden Tag unternehmen,
so klein sie auch sein mögen.*

*Oft ist Erfolg überhaupt nicht planbar. Wenn
Du Dich für etwas entschieden hast, treten
plötzlich viele Chancen unerwartet auf, die
Du nicht vermutet hättest, geschweige denn
geplant. Je mehr Chancen Du selbst zulässt,
um so mehr wirst Du Erfolge erleben. Keine
Planung kann die ganze Vielfalt der Lebens-
chancen umfassen.*

*Erfolg besteht zum großen Teil darin, die eigene
Vergangenheit hinter sich zu lassen. Egal, wie
schlimm die Erfahrungen aus der Vergangenheit sein mögen, wir können sie nicht mehr verändern. Wer seinen Fokus nach vorne richtet,
ohne zurückzublicken, hat den ersten Schritt in
eine erfolgreiche Zukunft getan.*

Manchmal erreichst Du auf wundersame Weise Deine Ziele, auch wenn oder gerade weil Du den chaotischen Wegstrecken gefolgt bist, die das Leben Dir gezeigt hat. Es ist nicht immer planbar.

Du kannst monate- oder jahrelang überlegen, wie und wann Du anfängst, etwas zu tun. Das wird Dich in der Regel keinen Schritt weiter führen. Eine andere sinnvollere Option ist, einfach anfangen, das zu tun, was Du tun willst, auf die Gefahr hin, dabei ein paar Fehler zu machen. Der kleinste Schritt bringt schon eine motivierende Dynamik in Gang.

Wenn Du Erfolg haben willst, musst du auch zulassen, dass der Erfolg zu Dir kommt. Oft stehen wir uns selbst im Weg beim Erreichen bestimmter Ziele durch Selbstsabotage, falsche Selbstannahmen, negative Glaubenssätze und kontraproduktive Verhaltensweisen. Solltest Du nicht den Erfolg haben, den Du Dir wünschst, frage Dich, ob Du nicht Dein eigener größter Erfolgsverhinderer bist.

Es ist wichtig, Ziele zu haben, es können auch ehrgeizige Ziele sein. Genauso wichtig ist es jedoch, keine überzogenen Forderungen an Dich selbst zu stellen. Sonst setzt Du Dich massiv selbst unter Druck, auf die Gefahr hin, Dich selbst zu überfordern. Jede Entwicklung braucht Zeit, und Abkürzungen sind oft nicht möglich oder haben einen hohen Preis.

In unserem Leben bieten sich uns Gelegenheiten an. Diese Gelegenheiten sind Chancen, die wir wahrnehmen können oder nicht. Nur, sind wir immer offen für diese Gelegenheiten? Erfolg ist Einstellungssache und kommt dann zustande, wenn wir unseren Fokus auf die Gelegenheiten richten, die im Universum in Hülle und Fülle vorhanden sind. Lerne daher jeden Tag Gelegenheiten als Chancen zu erkennen und verwandle sie in Erfolge.

Es sind selten die großen Hindernisse, an denen Du scheiterst. Oft sind es all die kleinen Dinge, die Du nie unternimmst, die in der Summe dazu beitragen, dass sich der Erfolg nicht einstellt. Alles zählt!

Achte auf die „kleinen Dinge" im Leben. Sie sind ein Teil des Gesamtpuzzles. Diese Mosaiksteine – zusammengefügt – tragen dazu bei, dass Du Deine Vision verwirklichst. Auf unserem Lebensweg bieten sich oft „kleine Chancen" an. Wir übersehen sie oft. Wenn wir die „kleinen Schritte" vergessen, erreichen wir oft das große Ziel nie.

Es gibt zwei Gründe, warum Menschen im Leben nicht vom Fleck kommen und ihre Herzenswünsche nie verwirklichen: sie sagen kein klares JA zu sich, zu ihrem Herzensprojekt, zu ihrem Leben und sie fangen nie an, sich in die Richtung zu bewegen, die sie Ihren Wünschen näher bringt.

Auch Erfolgsmenschen werfen manchmal ihre Pläne über Bord, verfolgen bestimmte Ziele nicht mehr, weil es keinen Sinn mehr ergibt oder weil sie es nicht mehr wollen. Du musst auch nicht krampfhaft an bestimmten Zielen festhalten, wichtig ist nur, dass Du Dir dann regelmäßig neue Ziele setzt, wenn Du welche aufgibst.

Der Weg zum Erfolg ist nicht immer gerade.
Er verläuft oft über Umwege, Umleitungen.
Alles dauert viel länger, als Du gedacht hattest.
Genieße die Umwege, schau Dir an, was sich
am Wegrand abspielt und lerne aus Deinen
Erfahrungen.

Manchmal funktionieren die Dinge, die wir
in der Vergangenheit gemacht haben, heute
schlicht und ergreifend nicht mehr. Es gibt
für Erfolg – gerade in unserer Zeit – oft kein
Patentrezept. Gerade in solchen Situationen gilt
es, neu zu denken, anders zu denken und sich
selbst neu zu erfinden.

Lebenserfolg besteht darin, das Wichtigste
zuerst zu tun, nicht das Zweitwichtigste und
auch nicht das Drittwichtigste, einfach das
Wichtigste. Überlege Dir jeden Tag, was das
Wichtigste ist und konzentriere Dich darauf,
definiere die Aufgaben, die sich daraus ergeben
und fokussiere Dich darauf. Wir können nicht
alles, jedoch vieles erreichen, wenn wir die
Kraft der Fokussierung bewusst nutzen.

Fast alle erfolgreichen Menschen, egal auf welchem Gebiet, tun jeden Tag etwas, – auch wenn es wenig ist – das sie ihren Zielen näher bringt. Da sie sich für das, was sie tun, begeistern, haben sie nicht das Gefühl, dass sie arbeiten. Sie machen oft keinen Unterschied zwischen Arbeitswoche und Wochenende, Arbeitstag und Feiertag, Arbeit und Feierabend, Arbeit und Urlaub. Diese Kategorien sind ihnen meistens fremd. Wenn Du einen persönlichen Quantensprung machen willst, überlege Dir, welches Dein Handlungsfeld ist und tue jeden Tag etwas, das Dich deinen Zielen näher bringt. Und das mit aller Konsequenz.

Wenn Du durchschlagenden Erfolg haben willst, besinne Dich auf Deine Stärken, fokussiere Deine Aktivitäten ausschließlich auf das, was gefragt ist, was Du exzellent kannst und Dir enorm Spaß macht. Gehe den Weg, der zu Dir passt, auch wenn alle in eine andere Richtung laufen, biete Dich, dein Produkt oder Deine Dienstleistung selbstbewusst an und vor allem, lass die Welt wissen, dass es Dich gibt.

9

Zeit und Geld

Die Zeit wird oft für knapp befunden und ein Geld-
mangel verursacht viele Sorgen. Obendrein geht das
eine oft zulasten des anderen: Wer genug Geld hat, dem
fehlt es meist an Zeit – und umgekehrt.

Kein Wunder also, dass unser Verhältnis sowohl zum
Thema Geld als auch zum Thema Zeit häufig proble-
matisch ist. Dabei ist Zeit eine Ressource, die stets in
gleicher Menge vorhanden ist. Ein Tag hat immer die
gleiche Anzahl Stunden, Minuten, Sekunden und wird
dies auch in Zukunft haben. Es ist also nicht wahr, dass
wir weniger Zeit zur Verfügung haben, wir haben nur
viel mehr zu tun in der gleichen Zeit.

Und so bleibt für die einzelne Tätigkeit in der Tat weniger Zeit. Oft ist es sogar zu wenig Zeit, und wir geraten

in Zeitnot. Das heißt, der einzige Ansatzpunkt, um hier etwas zu verändern, ist das eigene Verhalten.

Keine Zeit zu haben, gilt heute vielfach beinahe als Synonym für Erfolg. Denn wer ständig in Eile ist und Dringendes zu erledigen hat, gilt als wichtig und als jemand, der gebraucht wird. Hier liegt eine gewisse Verführung, sich selbst stärker unter Zeitdruck zu setzen, als es tatsächlich nötig ist. So erfährt man eine Wertschätzung seiner Leistungsfähigkeit und Qualifikation und empfindet Dringlichkeit deshalb nicht selten sogar als Statussymbol.

Wo ständig das Gefühl vorherrscht, keine Zeit zu haben, bringt letztlich nur ein bewussterer Umgang mit Zeit Abhilfe. Das bedeutet, Zeitfresser auszuschalten und vor allem, zu einer selbstbestimmten Zeiteinteilung zurückzufinden. Dazu gehört auch, der Erholung, der Muße und Zeit für Stille und Kreativität eine ebenso große Bedeutung wie der Arbeitszeit zuzugestehen. Für die Praxis heißt das, sich Spielräume zu erhalten und nicht jede Minute bereits im Vorfeld zu verplanen.

Einen Großteil der Zeit allein zum Geldverdienen zu verbrauchen, ist in den seltensten Fällen auf Dauer befriedigend. Statt mehr Zeit für das Geldverdienen zu verwenden, ist es ohnehin meist sinnvoller, sich zunächst das eigene Verhältnis zum Geld bewusst zu machen. Wem zum Beispiel der Wert der eigenen Leistung bewusst ist, der hat dadurch gleich bessere Chancen, diese Leistung zu einem angemessenen Preis zu verkaufen. Das gilt gleichermaßen für Unternehmen, die über Preise verhandeln, wie für Arbeitnehmer, die über ihr Gehalt verhandeln.

In beiden Fällen hilft es, wenn man sich den eigenen Wert bewusst macht und auch überzeugend verdeutlichen kann, sodass die eigenen Leistungen (oder Produkte) dem gegenüber wertvoll erscheinen. Durch Unsicherheit, fehlendes Selbst- und Wertbewusstsein, Ehrfurcht vor hohen Summen sowie einer negativen Einstellung zum Thema Geld bringen wir uns selbst in eine Ausgangspositionen, die es schwierig macht, ausreichend Geld zu verdienen. Dieses Manko muss dann oft durch den erhöhten Einsatz von Zeit wieder ausgeglichen werden. Und letztlich fehlt es womöglich an beidem – an Zeit und Geld.

Coaching-Impulse
für mehr Zeit und Geld

Heute beginnt eine neue Zeitperiode, die Dir geschenkt wird, um Dir die unglaubliche Chance zu geben, Deine Träume zu verwirklichen. Es ist oft nicht zu unterschätzen, was wir alles in 365 Tagen erreichen können, wenn wir rechtzeitig anfangen, unsere Zeit richtig einzuteilen. Die Zeit ist der Stoff, aus dem Deine Träume gewebt werden.

Lerne über Geld ohne Scham zu sprechen. Sprich über das, was Du verdienst, was Du verdienen möchtest. Sag, wie viel Du verlangst. Je offener Du mit dem Thema Geld umgehst, um so eher wirst Du auch Deine Ziele in finanzieller Hinsicht erreichen.

Wenn Du manchmal denkst, der beste Zeitpunkt, um durchzustarten, vielleicht vor 5, 10, 15, 20 oder sogar 25 Jahren gewesen wäre, so ist der zweitbeste Zeitpunkt heute.

Nimm Dir die Zeit, die Du brauchst, um herauszufinden, was Du wirklich möchtest, was Du erreichen möchtest und vor allem wer Du werden willst. Wenn Du es herausgefunden hast, fang so schnell wie möglich damit an: jeder Tag ist wichtig und zählt.

Deine Zeit ist der Stoff, aus dem Du Deine Zukunft entwirfst.

Geld ist weder gut noch schlecht. Weil du Geld oder kein Geld hast, bist Du weder ein guter noch ein schlechter Mensch. Dein finanzieller Status sagt über Dich als Mensch nichts aus. Es ist lediglich ein Ergebnis der Entscheidungen, die Du getroffen oder nicht getroffen hast und der Handlungen, die Du durchgeführt oder nicht durchgeführt hast.

Erspare Dir Diskussionen, die zu nichts führen. Der Macher hat oft bereits gehandelt, während der Zauderer immer noch unnötig diskutiert. Diskutieren ist oft die Lieblingsbeschäftigung von Erfolglosen. Der Erfolgreiche diskutiert meistens nicht, er handelt.

Reich sein ist weder gut noch schlecht. Es ist lediglich das Ergebnis von bestimmten Handlungen, von wahrgenommenen Chancen und getroffenen Entscheidungen. Wenn Du mehr über Reichtum erfahren willst, sprich mit reichen Menschen und lerne von ihren Strategien. Du wirst erstaunt sein und erfahren, dass sie meistens anders denken und handeln als Du, oft in entscheidenden Punkten.

Wenn Du die Zeit schon nicht beherrschen kannst, mach sie Dir zur Freundin, die Dir hilft, Deine Wünsche zu verwirklichen. Genieße die Dienste, die sie Dir erweist und sei dankbar dafür.

Wenn Du Dir regelmäßig Zeit für Dich selbst nimmst, tust Du Dir etwas Gutes. Du holst Dir die Inspiration, die Du auch brauchst, um Dich und Dein Umfeld nachhaltig zu inspirieren. Habe kein schlechtes Gewissen. Akzeptiere, dass diese Zeit nicht verloren, sondern eine notwendige Investition ist, um Deinem Umfeld, Deiner Firma und Deinen Kunden einen echten Mehrwert zu bieten.

Auch wenn keiner von uns die Zeit anhalten kann, nimm Dir ab und zu mal eine Auszeit, sei es ein Tag oder mehrere – wenn es irgendwie geht – und denk über das nach, was Dir wichtig ist. Schaffe Dir „Zeitoasen", in denen Du zur Ruhe kommst und in denen Du das Gefühl bekommst, dass der Rest der Welt um Dich herum stillsteht.

Je mehr Zeit Du damit verbringst, den Erwartungen anderer zu entsprechen, um so weniger Zeit bleibt Dir im Leben übrig, um Dich selbst zu entfalten. Denke daran, bevor es zu spät ist.

Geld sollte nicht das Ziel unseres Handelns sein. Geld ist eher das Ergebnis unserer Handlungen.

Wenn Dir etwas besonders wichtig ist, tue es. Nimm Dir dafür die Zeit, die Du brauchst, denn für Dinge und Menschen, die Dir nicht wichtig sind, nimmst Du Dir auch die Zeit. Wenn Du es Dir wert bist und beschließt, Dir Deine Zeit nicht rauben zu lassen, wirst Du genug Zeit für das Wichtige haben, wenn Du sie Dir nimmst.

Wenn Zeitplanungsregeln nicht mehr funktionieren, so viel zu tun ist, dass Du nicht mehr weißt, wie Du es überhaupt schaffen sollst, nimm Dir ein paar Minuten Zeit, auch wenn es nicht geht, lass alles liegen und frag Dich, was das Wichtigste von allem ist, dann: Mach das Wichtigste zuerst.

Wenn Du es Dir wert bist, fang an, Deine wertvolle Lebenszeit mit wertvollen Tätigkeiten und mit wertvollen Menschen zu verbringen. Solange Du einer Tätigkeit nachgehst, die Dir nicht wertvoll ist, verlierst Du einfach Deine wertvolle Lebenszeit. Nur Du kannst entscheiden, was für Dich wertvoll ist.

Nimm Dir die Zeit für das, was Du schon immer machen möchtest. Hör endlich auf, die Dinge auf den Zeitpunkt zu verschieben, an dem es zu spät sein wird. Das Wichtigste ist, zu beginnen, das schafft ein nicht zu unterschätzendes Momentum in Deinem Denken. Für den Fall, dass Du ein Argument brauchst, hier ist das überzeugendste: Die Zeit wird nicht auf Dich warten. Also worauf wartest Du?

Wenn Dir jemand oder etwas wichtig ist, dann wirst Du auch die Zeit für diese Person oder diese Aktivität finden. Wenn Du behauptest, etwas oder jemand sei Dir wichtig und Du handelst nicht dementsprechend, bist Du einfach nicht konsequent oder Du hast die falschen Prioritäten.

Nimm Dir Zeit für Dich, nur für Dich, ohne ein schlechtes Gewissen zu haben. Solche regelmäßigen Auszeiten sind genauso wichtig wie die Phasen der Höchstleistung. Gerade Spitzenleister und Erfolgsmenschen vernachlässigen oft die Bedeutung solcher Ruhephasen. In der Musik wird eine Melodie nicht selten durch wirkungsvolle Pausen zum vollen Hörgenuss.

Wenn Du in Deinem Tempo auf Deine eigenen Ziele hinarbeitest, auch wenn es langsam ist, wirst Du auf die Dauer erfolgreicher sein, als wenn Du in einem schnellen Tempo auf Ziele hinsteuerst, die Dir vorgeschrieben werden oder von denen Du denkst, dass auch Du sie erreichen müsstest.

Du musst nicht alles können und Du kannst nicht alles können. Konzentriere Dich konsequent auf das, was Du wirklich gut kannst und für den Rest hole Dir Profis. Du wirst eine Menge Zeit sparen und in dieser Zeit kannst Du mit dem, was Du wirklich gut kannst, gutes Geld verdienen, was Du sonst nicht hättest machen können.

Wenn eine Entscheidung ansteht, nimm Dir heute die Zeit, die Du brauchst und triff eine Entscheidung, egal wie sie ausfällt. Das entlastet enorm und sorgt für Klarheit.

Der größte Luxus besteht darin, Zeit für sich zu haben, sie souverän zu gestalten und ein Leben jenseits der Langeweile und Öde zu führen.

Manchmal ist der Zeitpunkt gekommen, zu dem Du weißt, dass Dinge, Projekte, Ziele sowie Menschen aus der Vergangenheit nicht mehr zu Dir und dem, was Du vorhast, passen. Dann ist die Zeit auch reif, Entscheidungen zu treffen und Veränderungen umzusetzen.

10

Disziplin und Konzentration

Viele Menschen versuchen, sich möglichst viele Freiheiten und Spielräume zu schaffen, um das eigene Leben
selbstbestimmt gestalten zu können. Gerade Selbst-
ständige, Unternehmer und Führungskräfte haben
beruflich viele Freiheiten, die sie zu schätzen wissen,
die jedoch auch Risiken bergen können. Denn mit den
Freiheiten geht manchmal die Versuchung einher, sie
für die eigene Bequemlichkeit auszunutzen. Und wenn
einem niemand sagt, was man zu tun oder zu lassen
hat, dann braucht es schon eine gute Portion Disziplin,
um dieser Versuchung zu widerstehen.

Das gilt für uns alle: Wo wir Freiheiten und Spielräume
haben, ist die Versuchung groß, sie auch dann zu nutzen, wenn konsequentes Handeln die bessere Alternative wäre. So schieben wir lästige Pflichten vor uns her

und lassen einiges unerledigt, was wir schon lange hätten erledigen wollen. Selbstdisziplin und die Fähigkeit zur Konzentration auf das Wesentliche brauchen wir in vielen alltäglichen Situationen. Anfangen und Durchhalten sind zwei entscheidende Herausforderungen, die nahezu jeden Menschen immer wieder beschäftigen – ganz gleich, ob im Privat- oder im Berufsleben.

Der Begriff Disziplin ist den meisten von uns nicht gerade sympathisch, insgeheim wissen wir jedoch alle, dass Disziplin immer wieder erforderlich ist, um persönlich voranzukommen. Ein wichtiger Schritt zur Disziplin ist getan, wenn wir die Verantwortung für unser Handeln (oder Nichthandeln) übernehmen.

Hören wir also auf damit, die ungünstigen Umstände, die schlechten Startbedingungen, die demotivierenden Kollegen, den Stress und tausend andere Dinge als Gründe dafür zu nennen, warum wir gerade etwas nicht beginnen oder zu Ende führen wollen. In unseren Ausreden sind wir niemals selbst diejenigen, die eine Verzögerung zu verantworten haben. Deshalb lässt sich sagen: Wer für sich und sein Handeln die Verantwortung übernimmt, geht den ersten wichtigen Schritt, um sich selbst zu disziplinieren.

Ein Aufschieben erfolgt natürlich nicht vollkommen grundlos und bloß aus lauter Bequemlichkeit. Oft stecken Ängste und Bedenken dahinter. Man befürchtet, dass man womöglich versagen könnte, dass man falsche Entscheidungen treffen könnte oder die Angelegenheit nicht ausreichend durchdacht hat und deshalb auf unvorhersehbare Schwierigkeiten stößt. Am liebsten möchte man eine Garantie dafür, dass alles gut gehen wird. Doch weil es eben keine Garantien gibt, wagen wir den Beginn erst gar nicht.

Hilfreich ist hier, herauszufinden, ob womöglich verborgene Versagensängste der Grund dafür sind. Das heißt, sich genau diese Ängste oder Befürchtungen ins Bewusstsein zu rufen und so konkret wie möglich zu benennen. Auf dieser Grundlage besteht die Möglichkeit, ein entsprechendes Worst-Case-Szenario einmal in Gedanken durchzuspielen und zu überlegen, wie man im schlimmsten Falle reagieren könnte. So kann sich jeder auf etwaige Schwierigkeiten vorbereiten und sehen, dass es Möglichkeiten geben wird, diese zu bewältigen.

Hilfreich ist außerdem, nicht alles auf einmal anpacken zu wollen und sich so zu überfordern. Die Erfolgschancen stehen weit besser, wenn wir uns auf das Wesentliche und für uns Beste konzentrieren.

Coaching-Impulse
für mehr Disziplin und Konzentration

Erledige lästige lange liegengebliebene oder anstehende Aufgaben schnellstmöglich. Sie belasten Dich unterbewusst, rauben Dir enorm viel Energie und lenken Dich auch davon ab, Dich wichtigen Aufgaben zu widmen.

Wenn Du wirklich effektiv sein willst, fang mit den wichtigsten Aufgaben zuerst an und konzentriere Dich ausschließlich auf deren Erledigung. Für den Rest wirst Du später immer noch Zeit finden.

Es ist mittlerweile eine Herausforderung geworden, sich jeden Tag immer wieder auf das Wesentliche, auf das, was einem persönlich wichtig ist, zu konzentrieren. Die Ablenkungen sind allerorten. Erinnere Dich täglich an das, was für Dich wirklich wichtig ist und konzentriere Dich darauf.

Konzentration ist oft eine wichtige Voraussetzung für überragenden Erfolg. Ohne klaren Fokus, ohne Ausschluss aller sonstigen möglichen Optionen, ist es meistens nicht möglich, die volle Energie zu mobilisieren, die notwendig ist, um Spitzenleistungen zu erzielen. Wer sich alle Hintertürchen offen hält, erlebt selten einen Durchbruch auf seinem Gebiet.

Der mühsamste und lohnendste Weg ist oft der Weg zu sich selbst.

Es ist oft besser, an einem einzigen Punkt anzusetzen und Dinge in Bewegung zu bringen, statt an hundert Punkten anzusetzen und dabei nichts umzusetzen. Konzentriere Dich auf diesen einen Punkt.

Egal, wie schlimm die Dinge sind, bleibt Dir manchmal nichts anderes übrig, als die Verantwortung für die Situation zu übernehmen. Schau ehrlich in den Spiegel, kläre das, was noch zu klären ist, räume mit der Vergangenheit auf und lege den Grundstein für eine glückliche Zukunft.

Wenn Du etwas Wichtiges realisieren willst, fang so schnell wie möglich an, es umzusetzen und sei nicht übermäßig perfektionistisch. Das sind nämlich die zwei Gründe, warum die meisten Projekte nie das Licht der Welt erblicken.

Wenn Du heute nicht mit dem anfängst, was Dir wichtig ist, wirst Du es in einem Jahr bereuen, da Du mit Deinen Vorhaben keinen Schritt weiter gekommen bist. Wenn Du heute mit dem anfängst, was Dir wichtig ist, wirst Du Dich in einem Jahr glücklich schätzen, dass Du überhaupt angefangen hast. Auch wenn alles dagegen spricht, solltest Du das, was Dir wichtig ist, nicht aufschieben. Sonst bringst Du es wohl nie zustande oder Du verlierst durchs Aufschieben wertvolle Tage und Jahre.

Es gibt viele Ausreden für das Nicht-Können, manchmal ist es das fehlende Talent, die mangelnde Zeit, die widrigen Umstände. Das Geheimnis des Könnens, wenn es eins gibt, liegt meistens im Wollen.

*Du kannst anfangen, das Leben zu führen, das
Dir vorschwebt, indem Du heute beginnst, die
nötigen Entscheidungen zu treffen. Sonst wirst
Du es nie tun, und eines Tages ist es zu spät.*

*Wenn im Leben alles auf einmal zusammen-
bricht, fragen wir uns: „Warum passiert es aus-
gerechnet mir?". Oft haben wir die Zeichen für
dieses brüchige Gebäude nicht erkannt, in dem
wir uns befanden. Solche heftigen Krisen helfen
uns, so schwierig es auch sein mag, wieder den
Fokus auf das Wesentliche im Leben zu richten,
die eigenen Bedürfnisse zu beachten. Sie zeigen
uns einen Weg zur Achtsamkeit und zur Selbstliebe, der in ein bewusst gestaltetes Leben führt.*

*Wenn Du die Verantwortung für das über-
nimmst, was gewesen ist, bist Du in puncto
Lebenserfolg all denjenigen meilenweit voraus,
die noch versuchen, die Schuld auf andere
abzuwälzen.*

*Das, was Du jeden Tag konsequent unterlässt,
obwohl es notwendig wäre, verzögert langsam,
aber sicher die Erreichung Deiner Ziele.*

Wenn Du Dir selbst keine Disziplin verord-
nest, wirst Du auf manchem Gebiet nicht den
erwünschten Erfolg haben. Unangenehmes ist
oft der zu entrichtende Preis für großartige
Erfolge.

Jeder von uns empfindet bestimmte Aufgaben
als lästig. Sie werden beiseite geschoben, bis sie
sich in einen Aufgabenberg verwandeln, der
unüberwindbar ist. Pack diese lästigen Aufga-
ben an, bevor sie Dich erdrücken. Am besten
fang den Tag damit an. Dann kannst Du Dich
den Aufgaben widmen, die Dir leicht von der
Hand gehen.

Schaffe Ordnung in Deinem Leben. Regle das,
was zu regeln ist. Erledige das Unerledigte,
auch wenn Du keine Zeit oder keine Lust dazu
hast. Oft sind es diese „unordentlichen" Bau-
stellen, die uns unterbewusst belasten und uns
Lebensfreude kosten. Fange daher so schnell
wie möglich an, „aufzuräumen". Äußere Ord-
nung sorgt für innere Ruhe.

11

Emotionen und Intuition

Die Bedeutung von Gefühlen für unser Leben wird sehr oft unterschätzt. Dabei beeinflussen Emotionen unser Denken und maßgeblich unsere Kommunikation und somit auch, wie wir von anderen Menschen wahrgenommen werden. Darüber hinaus sind es unsere Emotionen, die uns die Richtung weisen, die vermitteln, welche Verhaltensweisen gut und wichtig sind und welche wir besser vermeiden. Nur durch den kontrollierten Umgang mit den Emotionen können wir aus den Unmengen an Möglichkeiten diejenigen herausfiltern, für die es sich zu entscheiden gilt.

Wer sich seine Emotionen bewusst macht, weiß auch damit umzugehen und sie konstruktiv zu kanalisieren. Erst dadurch kann soziale Kompetenz entstehen, weil jemand, der seinen Emotionen ausgeliefert ist, sich nicht in andere Menschen und deren Lebenswirklichkeit einfühlen und auch nicht mit den Emotionen anderer umgehen kann. Dadurch entstehen Störungen im Umgang mit und in Beziehungen zu anderen Menschen. Je genauer wir also unsere Gefühle kennen, umso besser können wir sie steuern. Umgekehrt kann ein Mensch, der sich seiner Emotionen wenig bewusst ist, kaum Einfluss auf sie ausüben. Er wird zum Sklaven seiner Stimmungen und verliert dabei seinen inneren Kompass.

Ein Bewusstsein für die eigenen Emotionen zu entwickeln, ist für die Zielsicherheit von Entscheidungen wie für die persönliche Zufriedenheit bedeutsam und bildet die Grundlage für eine gesunde Intuition. Die Intuition kann uns dabei helfen, im Zweifelsfall aus dem Bauch heraus die richtige Entscheidung zu treffen. Und es kann durchaus lohnend sein, auf das eigene Bauchgefühl zu hören.

Allerdings ist die Intuition dann am stärksten, wenn wir sie zusammen mit dem rationalen Denken einsetzen. Verstand und Gefühl sind zwei komplementäre Formen, die Welt zu begreifen, zusammengenommen sind sie am stärksten. Wer eines von beiden ausblendet, beraubt sich damit eines wesentlichen Teils seiner Orientierungsmöglichkeiten – und dabei spielt es keine Rolle, ob er sich dem rationalen oder dem emotionalen Teil verschließt. Verstand und Intuition sind also keinesfalls Gegensätze, sondern ergänzen sich in optimaler Weise.

Am klügsten ist es daher, beides zu nutzen. Inzwischen ist es wissenschaftlich erwiesen, dass wir vor allem dann richtig und weitsichtig entscheiden, wenn wir sowohl auf unser Bauchgefühl hören als auch die Situation rational durchdacht haben. In der Praxis heißt das: alle verfügbaren Informationen rational analysieren, und wenn alles durchdacht ist, sich etwas Zeit geben, damit sich das Ganze setzen kann – anschließend kommt dann die Intuition ins Spiel und wir können aus dem Bauch heraus entscheiden.

Coaching-Impulse,
für Emotionen und Intuition

Nimm Dir ein paar Minuten Ruhe und horch in Dich hinein. Frage Dich, was Du im Leben wirklich willst und hör genau zu, was Deine innere Stimme Dir sagt. Die Hinweise, die sie Dir gibt, sind wertvoll. Möglicherweise sind es Schilder, die Dir den Weg zeigen, den Du schon immer einschlagen wolltest. Du kannst viel mehr ändern, als Du denkst.

Du überzeugst im Leben viel weniger durch die rationalen Argumente, die Du vorbringst, als durch die Emotionen, die Du zeigst, durch die Persönlichkeit, die Du verkörperst und durch das Charisma, das Du ausstrahlst.

Das Leben gibt uns oft die besten Rückmeldungen. Wenn etwas funktioniert, wie Du es Dir vorstellst, mache weiter. Wenn es nicht so funktioniert, wie Du es Dir vorstellst, mache etwas anderes.

Wenn Du Spaß an dem hast, was Du täglich tust, die anderen das auch noch spüren und es Deine eigene Freude noch steigert, leistest Du Dir den größten Luxus, den Du im Leben haben kannst. Mit anderen zu tauschen, die mühsam und frustriert durchs Leben gehen, ist wohl keine Alternative, so hoch der materielle Ausgleich dafür auch sein mag. Freue Dich über dieses unbezahlbare Lebensprivileg und genieße diesen einzigartigen Luxus.

Fast alle Erfolgreichen sind Bauchentscheider. Sie treffen zu einem Zeitpunkt, zu dem oft alles dagegen oder wenigstens nichts dafür spricht, „emotionale" Entscheidungen, die sich erst Monate oder Jahre später als die richtigen erweisen.

Je mehr Du der Stimme Deines Herzens lauschst und ihr folgst, umso stimmiger wird Dein Leben sein, umso mehr Gleichgesinnte werden Dir begegnen. Menschen leben oft nicht glücklich, weil sie nicht stimmig leben. Tagtäglich überhören sie ihre innere Stimme und handeln ihrer Berufung zuwider.

Auf unserem Lebensweg sind manche Entschei-
dungen irrational. Unsere Intuition drängt
jedoch fast darauf, dass wir sie treffen, auch
wenn sie jeglicher Logik widersprechen. Oft
stellt sich viel später heraus, warum es doch
intuitiv richtig war, sie zu treffen. So paradox es
klingt: die Stimmigkeit unseres Lebensentwurfs
ergibt sich oft aus der Summe der unlogischen
Entscheidungen, die wir getroffen haben.

Wenn Du ständig auf das hörst, was andere
Menschen Dir sagen, überhörst du deine innere
Stimme. Während andere Menschen meinen,
Dir sagen zu müssen, was Du tun und lassen
sollst, flüsterst Dir die innere Stimme zu, was
Du wirklich tun willst und was Dich antreibt.
Gib ihr eine Chance, statt Dich für andere zu
verbiegen.

Je mehr Du zu Dir selbst, Deinen innigen Her-
zenswünschen, Deinen Überzeugungen stehst,
je weniger interessieren Dich die Erwartungen
der anderen. Deren verlogene soziale Anpas-
sungsfähigkeit wird unerträglich und steht Dei-
ner Selbstentwicklung nur im Wege.

*Lerne die Augenblicke innerer Einkehr schät-
zen. Sie lenken Deine Aufmerksamkeit auf
Dein Inneres. Du merkst dann, mit welchen
Äußerlichkeiten Du Dich sonst häufig beschäf-
tigst, die für Dein Leben absolut uninteressant
und Dir auch nicht wichtig sind.*

*Freue Dich über das Erreichte. Freue Dich auch
auf das noch zu Erreichende. So schön die Vergangenheit auch gewesen sein mag, die Zukunft
ist noch viel spannender.*

*Das, was Du ablehnst, kann nicht gelebt wer-
den. Je mehr Du etwas verdrängst, mit umso
vollerer Wucht wird es zu Dir zurückkommen.
Öffne Dich dem, was Du ablehnst und weise
diesem Teil von Dir einen Platz zu, den Du
bestimmst.*

*Je mehr Du an das, was Du tust, glaubst, um
so mehr wirst Du auch Menschen inspirieren,
motivieren und faszinieren. Umso weniger
wirst Du dann Überzeugungskraft brauchen. Je
schwächer die Inspiration ist, um so dringender
werden oft Argumente benötigt.*

Wenn Du dem Ruf Deines Herzens folgst, wirst Du merken, dass plötzlich Veränderung in Dein Leben hineinkommt, weil Du Dich von dem leiten lässt, was Dir wichtig ist, statt dem zu folgen, was in Deinem Umfeld gerne gesehen oder sozial anerkannt ist. Der Weg zur persönlichen Souveränität beginnt in dem Augenblick, in dem Du anfängst, Deinen Herzenswünschen Raum zu geben und vor allem den Stellenwert, den sie in Deinem Leben auch verdienen.

Deine Vision ist das, was Dich antreibt und Dir den Weg zeigt, obwohl in der Außenwelt – rational gesehen – manchmal alles dagegen spricht. Dennoch ist es kein Grund, Deine Vision aus den Augen zu verlieren.

Auch wenn das, was Dir geraten oder empfohlen wird, hundertprozentig richtig und rational sogar sinnvoll ist, fühlt es sich für Dich vielleicht nicht ganz stimmig an. Achte bei Deinen Lebensentscheidungen auf diese innere Stimme, die Dir oft einen anderen Weg zeigt. Die Emotionen eröffnen uns das Tor zu einer Welt, die der Verstand oft nicht wahrhaben will.

Inspiration ist die kleine innere Stimme, die uns zuflüstert, was wir immer tun, schreiben, schaffen, oder leben wollten und wozu wir berufen sind.

Wenn Du enttäuscht bist, bedeutet es erst mal, dass Du Dich getäuscht hast und dass der Zauber dieser Täuschung nun beendet ist. Die Enttäuschung mag sehr bitter sein und weh tun. Erkenne, welcher Dein Anteil in dieser Täuschung und in der jetzigen Enttäuschung ist. Nutze diese Erfahrung, die Dir jetzt viel Klarheit verschafft hat. Wenn Du bewusster lebst und nicht jeder Täuschung erliegst, wirst Du auch souveräner leben.

Im Leben bekommst Du selten das, womit Du gerechnet hast, dafür bekommst Du so vieles geschenkt, womit Du nicht gerechnet hast. Wisse es zu schätzen!

Der Weg, den Du Dir wünschst, ist selten der Weg, den sich andere Menschen für Dich wünschen. Manchmal gefällt ihnen dieser Weg nicht. Folge Deinem Herzen.

Du spürst oft mit dem Herzen, was Du machen möchtest, in welche Richtung die Reise hingehen soll, welche Entscheidungen anstehen, womit Du Dich so gerne befassen möchtest. Das, wofür Dein Herz schlägt, versucht Dein Verstand oft zu verschieben oder zu verdrängen. Lass Deinem Verstand etwas Zeit, nur nicht zu viel, sonst könnte er Deine Herzenswünsche unterdrücken.

Auch wenn Du manchmal das Gefühl hast, dass alles nicht so läuft, wie Du es Dir vorstellst, denke immer daran, dass Du ein unglaubliches Glück hast: Du lebst immer noch.

Solange Du noch gegen Dich selbst kämpfst, wartest Du vergeblich auf den Erfolg, der sich vor lauter inneren und äußeren Widerständen nicht einstellen will. Wenn Du in Deinem eigenen Fluss bist und diesem folgst, wird sich Dein Erfolg von selbst einstellen, da die Widerstände nur noch sehr gering sind oder nicht mehr da sind. Die Erfolgsenergie fließt und Du wirst auf dem Weg genau die Menschen treffen, die Du für die Realisierung Deiner Ziele auch brauchst.

12

Glück und Erfüllung

Jeder hat eine Vorstellung von Glück, doch ist es schwierig zu beschreiben, was Glück denn nun ganz genau ist. Letztlich heißt es dann oft nur, dass Glück für jeden etwas anderes bedeutet, doch auch das sagt nichts darüber aus, was Glück denn nun wirklich ist. Vielleicht ist die Antwort auf die Frage nach dem Glück auch deshalb so schwer zu finden, weil wir die Sache zu kompliziert machen. Der niederländische Soziologe Ruut Veenhoven hat einmal auf die Frage, was Glück ist, geantwortet:

Glück ist für mich die Freude am eigenen Leben. Und zwar auf lange Sicht. Je lieber jemand so lebt, wie er lebt, desto glücklicher ist er.

Fest steht außerdem, dass uns niemand Glück wie ein Geschenk geben kann – es liegt wie so vieles in unserer eigenen Hand. Glück wird getragen vom Einssein mit sich selbst, von einem ausgeglichenen und authentischen Leben, in dem ein freier Geist sich entfalten und Zufriedenheit, Freude und Erfüllung erleben kann. Die äußeren Umstände spielen also allenfalls eine zweitrangige Rolle. Entscheidend ist, wie wir auf diese Umstände reagieren und wie wir mit ihnen umgehen.

Glück und Erfüllung sind großenteils eine Frage der eigenen inneren Haltung – eine Einstellung, Vertrauen in andere und uns selbst zu haben und eine gelassene Zuversicht zu entwickeln. Es ist Lebenskunst, das anzunehmen, was uns geschieht, und Dinge auch einfach geschehen zu lassen, ohne sich dabei von Widrigkeiten aus der Bahn werfen zu lassen. Aus dieser Haltung kann Zuversicht entstehen, die Ausdruck von Vertrauen in die Zukunft ist. Das wiederum ist nicht gleichzusetzen mit unbedingtem Optimismus, sondern mit der Gewissheit, dass man auch den zukünftigen Ereignissen und Entwicklungen gewachsen sein wird.

Diese Einstellung zeigt sich auch in der Fähigkeit, sich bewusst dafür zu entscheiden (sofern es angemessen ist), einfach einmal nichts zu tun und auch Unvermeidbares geschehen zu lassen, statt auf jedes Ereignis und jeden Anlass sofort mit Aktionismus und Aufregung zu reagieren. Das kann beispielsweise bedeuten, dass man sich für die Erledigung einer Aufgabe richtig Zeit und Muße nimmt und sich einer Sache mit voller Hingebung widmet. Das kann ebenso heißen, nicht jedem Impuls nachzugehen, Entscheiden und Handeln also nicht nur von seinen Begehrlichkeiten leiten zu lassen. Wir haben viele Spielräume, die uns die Möglichkeit lassen, selbst zu entscheiden, in welche Richtung wir gehen wollen. Es liegt zu großen Teilen in unserer Verantwortung, wohin wir gehen und ob wir glücklich sein wollen oder nicht.

Glück und Erfüllung hängen also vor allem von den eigenen inneren Bedingungen ab. Es kommt darauf an, dem Glück überhaupt eine Chance zu geben und das Glück zuzulassen, bevor wir glauben, kein Glück zu haben.

Coaching-Impulse, um Glück und Erfüllung zu erleben

Wir träumen oft vom großen Glück, das nie eintritt, während das Glück mehrmals am Tag an unsere Tür klopft und uns Zeichen gibt, dass es uns besuchen möchte. Lass auch Deinem Glück eine Chance, bevor Du sagst, Du hättest nie Glück.

Auch wenn nicht alles so läuft, wie Du es Dir vorstellst oder es Dir wünschst, kannst Du ab jetzt entscheiden, dass Du glücklich bist. So paradox es klingen mag, triffst Du jeden Tag die Entscheidung, glücklich zu sein oder nicht.

Das, was Menschen am Ende ihres Lebens bereuen, ist oft das, was sie während ihres Lebens nicht getan haben. Wenn Du jetzt anfängst, das zu machen, was Dir wichtig ist und am Herzen liegt, wirst Du am Ende Deines Lebens auf ein erfülltes Leben zurückblicken.

Viele Erwachsene haben aufgehört, sich etwas zu wünschen und geben sich mit der Realität zufrieden, in der sie leben. Fang wieder an, Dir wie ein Kind Dinge zu wünschen und freue Dich, dass Du Dir Dinge wünschst, auch wenn andere denken, Du spinnst. Wenn Du Dir nichts mehr wünschst, gibst Du Deinen Wünschen auch keine Chance, in Erfüllung zu gehen.

Glücklich wirst Du, indem Du das Bestehende mit Gelassenheit akzeptierst, die Gegenwart, so wie sie ist, bedingungslos genießt oder, sollte beides für Dich nicht zutreffen, alternativ eine Zukunft für Dich erfindest und täglich mitgestaltest, die Deinen Ansprüchen genügt und Deinen Vorstellungen entspricht.

Du entscheidest täglich, wie viel Macht, Du Menschen, die Dir nicht gut tun, über Dein Leben gibst. Schritt für Schritt kannst Du sie auch entmachten und Dich von ihnen trennen. Dafür kannst Du täglich entscheiden, Dir ein Umfeld von Menschen zu schaffen, die Dir gut tun und es auch pflegen. Glücklich sein kann so einfach sein.

Wenn Du ständig in der Vergangenheit denkst und lebst, wenn Du nur an die Glücksmomente und Erfolge von gestern denkst, verbaust Du Dir den Weg für Dein heutiges und Dein morgiges Glück. Du kannst das Glück nur im Jetzt genießen und durch Dein Tun an einer glücklichen Zukunft arbeiten.

Entscheide Dich, glücklich zu sein. Wenn Du diese Entscheidung nicht treffen kannst oder willst, entscheide Dich, in Deinem Leben etwas zu verändern, damit Du glücklich bist.

Die Wünsche, die sich für Dich als Kind nicht erfüllt haben, sind nicht verschwunden. Sie leben noch in Dir. Spüre ihnen nach und überlege Dir, was sie Dir heute noch bedeuten. Der Schlüssel zu einem glücklichen Leben liegt oft darin, wieder zu entdecken, was Dir als Kind Spaß gemacht hat, wieder zu entdecken, dass es Träume gibt und dass es möglich ist, sie zu verwirklichen. Wenn Du als Erwachsener wieder Kind sein darfst und es Dir selbst erlaubst, wirst Du Deine Lebensfreude in vielen Lebenslagen enorm steigern.

Der Weg zu Deinem Traum, zu Deinem Glück, zu Deinem Erfolg mag mit noch so vielen Hindernissen übersät sein. So schwer es auch sein mag, die aktuelle Situation zu verändern, ist Leiden keineswegs eine akzeptable Option.

Wenn Du Erfolg und gleichzeitig Spaß haben willst und bestenfalls noch dafür bezahlt werden willst, brauchst Du nur eins zu tun: Frage Dich, was Du gut und gerne machst, was Dir Spaß macht und mache mehr davon. Gleichzeitig reduzierst Du das, was Dir keinen Spaß macht, auf ein Minimum oder Du hörst damit komplett auf. Oft machen die Menschen viel zu viel von dem, was sie nicht mögen und können, und wundern sich, dass sie keine Lebensfreude haben.

Es ist nie zu spät für eine glückliche Zukunft. Durch das, was Du heute beschließt und tust, beeinflusst Du wesentlich das, was Du morgen erleben wirst. Wenn Du heute auch nur ein klein wenig im Sinne Deiner gewünschten Zukunft handelst, bist Du den Wartenden und Schlafenden meilenweit voraus.

*Dein eigenes Glück wirst Du finden, wenn
Du Dir treu bleibst, wenn Du Dir selbst folgst,
wenn Du in deinem eigenen Fluss bist und
handelst. Handle, so wie Du es Dir vorstellst,
statt auf den Erwartungsdruck der anderen zu
reagieren.*

*Glücklichsein ist eine Entscheidung, die Du
jeden Tag aufs neue triffst.*

*Nur wenn Du liebst, was Du tust, wirst Du in
Deinem Beruf aufgehen. Wenn der Samstag,
der Sonntag und die Urlaubstage die einzigen im Jahr sind, auf die Du Dich freust, weil
sie den ungeliebten Job überhaupt erträglich
machen, ist dieser mit Sicherheit nicht Dein
Traumjob. Frage Dich, aus welchen Gründen
Du Dir das antust und was eine mögliche
Alternative wäre, denn es geht um Dein Leben.*

*Wenn Glück Deine Priorität im Leben ist, sei
konsequent und tue endlich das, was Dich
glücklich macht. Definiere Deine eigenen Prioritäten und höre auf, Dich nach den Prioritäten
anderer zu richten.*

Je weniger Du erwartest, um so mehr bekommst Du geschenkt. Hör auf, zu erwarten und freue Dich auf die Geschenke des Lebens.

Wenn Du glücklich bist, dann folgst Du wohl Deinem inneren Ruf und verwirklichst Dich, so wie Du es Dir wünschst. Wenn Du nicht glücklich bist, mach einfach etwas anderes als das, was Du aktuell machst. Coaching kann so einfach sein.

Die Frage nach Deinem persönlichen Glück ist einfach. Frage Dich, ob Du wirklich das Leben führst, das Du führen möchtest. Wenn Du sie mit Ja beantwortest, hast Du selbst die Antwort.

Glück ist das Gefühl, auf dem richtigen Weg zu sein, auch wenn Du weißt, dass alles dagegen spricht und das Ziel noch weit entfernt ist.

Dass wir geboren wurden, wissen wir alle. Zu erkennen, wofür wir geboren wurden und was unsere Lebensaufgabe ist, ist oft für uns ein Geheimnis. Wenn wir es wissen, sind wir glückliche Menschen.

Wenn Du die Chancen, die das Leben Dir bietet, nicht aktiv wahrnimmst und selbst handelst, dann brauchst Du nicht zu sagen, Du hättest kein Glück im Leben. Gib dem Glück eine Chance, Dir zuzuwinken.

Es ist egal, was Du beruflich und privat machst, wichtig ist nur, dass Du Dich für ein Leben voller Freude, voller Leidenschaft, voller Begeisterung entscheidest. Wenn Du keinen Spaß an dem hast, was Du tust, führst Du ein Leben auf Sparflamme und betrügst Dich ständig selbst, indem Du Dir einredest, es würde schon der Tag kommen, an dem es besser wird. Dieser Tag ist der Tag, an dem Du Dich für ein Leben nach Deinen Wünschen entscheidest.

Wenn Du ständig in der Vergangenheit denkst und lebst, wenn Du nur an die Glücksmomente und Erfolge von gestern denkst, verbaust Du Dir den Weg für Dein heutiges und Dein morgiges Glück. Du kannst das Glück nur im Jetzt genießen und durch Dein Tun an einer glücklichen Zukunft arbeiten.

13

Gelassenheit und Entspannung

Aktivität, Engagement, Veränderungswille, Flexibilität, Tatendrang – das alles sind positiv besetzte Attribute, die wir erfolgreichen Menschen häufig zuschreiben. Doch auch für erfolgreiche Menschen – oder gerade für erfolgreiche Menschen – gilt: Es ist wichtig, für Ausgleich zu sorgen und die Balance zu halten zwischen Beruf und Privatleben, Anstrengung und Ruhe, Arbeit und Freizeit, Einsatz und Pause. Denn wer stets im höchsten Drehzahlbereich fährt, der überlastet irgendwann den Motor und riskiert so einen größeren Schaden.

Um Stress und Überlastung zu vermeiden, ist es wichtig, sich auch Aus- und Ruhezeiten zu gönnen. Doch dafür muss man loslassen können. Es reicht nicht, die Arbeit oder die Probleme für eine Weile zur Seite zu legen. Sie müssen auch aus dem Kopf heraus, denn sonst sitzen sie uns im Nacken und erzeugen Stress. Echte Entspannung stellt sich jedoch nur mit einem gewissen Maß an Gelassenheit ein. Doch Gelassenheit ist schwer zu erreichen. Manchmal ist es sogar viel einfacher, irgendetwas zu unternehmen, als den Dingen ihren Lauf zu lassen. Wer loslassen kann, ist hier unbedingt im Vorteil.

Mit Vergangenem zu hadern kostet zum Beispiel vor allem Nerven und Energie, ändert aber an der Sache überhaupt nichts, weil die Vergangenheit sich einfach nicht ändern lässt. Und auch an Entscheidungen, die nicht in unserer Verantwortung liegen, an Aufgaben, für die wir nicht zuständig sind, an Herausforderungen, denen wir tatsächlich nicht gewachsen sind, oder an Fragen, die andere viel besser beantworten können, brauchen wir uns nicht unnötig festzubeißen. Denn hier können wir ohnehin nichts Sinnvolles tun. Besser ist es, gelassen einen Schritt zurückzutreten und andere ihre Aufgaben machen zu lassen oder einfach zu akzeptieren, dass etwas so ist, wie es ist.

Es kann unheimlich befreiend sein, zu erkennen und zu akzeptieren, dass sich etwas Bestimmtes schlicht und einfach nicht ändern lässt. Statt sich weiter im Kreis zu drehen beim Versuch, das Unabwendbare doch noch abzuwenden, kann man dann nämlich aus dem Teufelskreis heraustreten und einen oder zwei Schritte nach vorn machen, indem man die Folgen des Geschehens in den Blick nimmt und sich auf deren Bewältigung konzentriert. Manchmal ist das einfach sinnvoller und ertragreicher, als unaufhörlich gegen Windmühlen anzurennen.

Das alles soll natürlich keine Ausrede liefern für Bequemlichkeit und fehlendes Engagement. Es soll nur die Augen öffnen dafür, dass es auch Dinge geben kann, auf die wir keinen Einfluss haben und die wir getrost loslassen können. Wem das gelingt, der schafft sich Freiräume für ausgleichende Aktivitäten und für Mußezeiten, die Körper und Geist entspannen und neue Energien freisetzen. Das gibt dann Kraft für die Herausforderungen und Aufgaben, die es in Angriff zu nehmen lohnt!

Coaching-Impulse
für mehr Gelassenheit und
Entspannung

Wenn Du mit bestimmten Dingen im Leben nicht weiterkommst, gehört sehr viel Gelassenheit dazu, das so zu akzeptieren, ohne sich aufzuregen. Manches geht einfach nicht schneller, egal, was Du tust, egal wie Du denkst, egal, was Du Dir wünschst. Diese Gelassenheit will oft mühsam gelernt sein.

Entschleunige Dein Leben. Das ist die Herausforderung und die hohe Kunst, denn schneller, wilder und hektischer geht es immer.

Wenn Du Dich, wie aktuell sehr viele, fragst, wie lange es so weitergehen wird, weil Du einfach nicht mehr kannst, entschleunige dringend Dein Leben. Nimm Dir eine Auszeit zum Nachdenken, um die Weichen für Dein Leben neu zu stellen. Durch die Ruhe und die Selbstreflexion kommt oft die Antwort auf viele Sinnfragen.

*Was Du nicht brauchst und dennoch behältst,
belastet Dich und raubt Dir wertvollen Raum,
den Du für etwas anderes nicht frei oder bereit
halten kannst. Frage Dich dann, warum Du
das wohl behältst und Dich dadurch selbst
behinderst und einengst.*

*Versteife Dich nicht auf den einen Weg. Alter-
nativwege können eine durchaus bessere Wahl
sein.*

*Auch wenn Du glaubst, unentbehrlich zu sein,
nimm Dir regelmäßig eine Auszeit. Es kann ein
Tag sein oder mehrere. Mache an diesen Tagen
nur das, was Dir Spaß macht. Entspanne Dich.
Überzeuge Dich selbst, dass aufgrund Deiner
Abwesenheit die Welt nicht untergeht. Tue es
regelmäßig, bevor das Leben Dich zwingt, eine
längere Auszeit zu nehmen.*

*Schließe Frieden mit einigen Menschen und
einigen persönlichen Themen, um endlich Deinen Fokus auf Neues in Deinem Leben lenken
zu können. Sonst verschwendest Du einfach zu
viel Energie, die Du besser einsetzen kannst.*

Auch wenn alles gegen Lachen spricht, hilft Lachen oft. Es ändert nichts an den Schwierigkeiten, hilft jedoch über sie hinweg. Es zeigt uns einen anderen Blickwinkel. Wenn es scheinbar nichts zu lachen gibt, ist Lachen ein kostbares Gut, das gegen die grauen Umstände ankommt.

Wenn Du noch Motivation für Dein Tun brauchst, hast Du wohl noch nicht das gefunden, wofür Du Dich begeistern kannst oder es fehlt Dir noch so viel Know-how für ein entspanntes Handeln.

Es gehört sehr viel Gelassenheit dazu, zu akzeptieren, dass Dich andere anders sehen als Du es tust. Du bist anders, als Du denkst und gleichzeitig bist Du nicht der, den andere glauben zu sehen.

Lass los von allem, was nicht mehr Deins ist. Wenn Du Ballast abwirfst, wirst Du gelassener und kannst Dich endlich auf die Dinge und die Menschen konzentrieren, die Dir wichtig sind. Trenne Dich von allem, was in Dein Leben nicht mehr hineingehört.

Alles, was Du noch nicht erledigt oder geklärt hast, beschäftigt Dich, auch wenn es nur unterbewusst ist. Es verursacht auch Stress. Erledige die Dinge, die anstehen oder kläre das, was einer Klärung noch bedarf, möglichst schnell. Somit kannst Du den Stress reduzieren, mit Gelassenheit an neue Aufgaben herangehen und Dich über Dein Leben und die freie Zeit freuen.

Wir können oft nicht alles, zumindest nicht auf einmal. Ändere daher, was Du ändern kannst und nimm das gelassen hin, was Du nicht ändern kannst.

Nimm Dir regelmäßig eine längere Auszeit. Mache das, was Du möchtest. Faulenze richtig. Diese Ruhezeiten sind wichtig, um Deiner Seele zu erlauben, Deinen Körper einzuholen, der vielleicht in der letzten Zeit zu schnell gereist ist. Gib Deiner Seele die Möglichkeit, wieder anzukommen. Genieße diese Zeiten des Müßiggangs, die anscheinend nicht produktiv sind. Dieses aktive Nichtstun gibt Dir jedoch die Möglichkeit für zukünftige Pläne aufzutanken.

Die innere Stille, wenn Du in der Lage bist, sie zu ertragen, sagt Dir viel mehr über Dich selbst und Deine Zukunftswünsche als die tosende Welt um Dich herum.

Wenn Du Dich ständig von der Hektik der Ereignisse antreiben lässt und Dein inneres Tempo vernachlässigst, lebst Du nur noch ein Leben, das Du nicht leben möchtest. Besinne Dich auf Dein Inneres, entscheide Dich bewusst und lass das, was Dir unwichtig ist, nicht Dein tägliches Glück gefährden. Dein eigenes Glück hängt von dem Grad der Selbstbestimmung in Deinem Leben ab.

Wenn Du es schaffst, zu akzeptieren, dass Du bestimmte Dinge nicht kannst, davon die Finger lieber weglässt und einfach loslässt, kommst Du dem Lebensglück ein großes Stück näher.

Mit Lebensfreude lebt es sich leichter. Nimm Dir Zeit, die Dinge zu tun, die Dir wichtig sind und Dir Spaß machen. Es gibt ein Leben neben der Arbeit und ein Leben vor dem Tod.

14

Lernen und Weiterentwicklung

Ebenso wie unsere Gesellschaft befindet sich auch die Berufswelt in einem permanenten Wandel. Deshalb wird immer wieder die Bedeutung des lebenslangen Lernens betont. Schließlich gibt es heute kaum noch Berufe, die auf Dauer mit einer einmaligen Ausbildung oder durch einmaliges Anlernen erfolgreich bewältigt werden können. Die Anforderungen, die der Beruf und auch der Alltag an jeden Einzelnen stellt, sind längst ganz andere, als sie es einmal waren. Anpassungsfähigkeit, der Wille zur Weiterentwicklung und die Fähigkeit, sich Neues anzueignen, werden deshalb immer wichtiger.

Doch neben den beruflichen Anforderungen ist Lernen auch die Grundlage für die persönliche Lebensgestaltung und macht eine solche überhaupt erst möglich.

Bei diesem Lernen geht es längst nicht nur darum, ein bestimmtes Faktenwissen wie beispielsweise die Vokabeln einer Fremdsprache zu erwerben. Häufig betrifft das lebenslange Lernen die eigene Persönlichkeit: Lernen, die Kommunikation besser zu gestalten, sich treffender in die Gedanken und die Welt anderer Menschen einzufühlen, Gewohnheiten zu durchbrechen, alternative Handlungsmöglichkeiten oder wichtige Entscheidungen zu treffen, sich zu Taten zu motivieren oder die eigenen Fähigkeiten ins rechte Licht zu rücken und vieles mehr.

Das Lernen ist in jeder Hinsicht grenzenlos und weit mehr als reiner Erwerb von Wissen. Vor allem betrifft das Lernen jedoch alle Bereiche unseres Daseins – und das ein Leben lang. Sich auf Ausbildungs- oder Studienabschlüssen auszuruhen, die wir vor mehr oder weniger langer Zeit einmal gemacht haben, wird unser Leben sicher nicht bereichern. Wer aufhört zu lernen, dem fehlt die geistige Nahrung und der bleibt auf der Stelle stehen. Ein solcher innerlicher (und als Folge oft auch äußerlicher) Stillstand lässt uns und unsere Fähigkeiten verkümmern.

Wer dagegen mit wachen Sinnen und der Bereitschaft zum Lernen durchs Leben geht, wird jeden Tag etwas Neues hinzulernen, kann Altes durch Neues ersetzen, die eigene Persönlichkeit kontinuierlich weiterentwickeln und neue Türen für sich eröffnen. So können wir unsere Potenziale nutzen und zugleich unsere Persönlichkeit entfalten. Das Lernen betrifft oft kleine Dinge und führt manchmal zu großen Veränderungen und Neuorientierungen. Freuen Sie sich darauf, jeden Tag etwas Neues zu lernen und so Ihre Persönlichkeit zu stärken. Lassen Sie keine Gelegenheit aus, Ihr Wissen zu erweitern und ständig neue Optionen für die eigene Lebensgestaltung zu entdecken.

Der Mensch kann zwar gar nicht nicht lernen. Doch statt sich mit dem Minimum zufriedenzugeben, können wir wesentlich mehr lernen, wenn wir lernen wollen und mit Freude bei der Sache sind.

Coaching-Impulse
für grenzenloses Lernen und
ständige Weiterentwicklung

Wenn Du beschließt, Dich zu verändern oder in Deinem Leben etwas zu verändern, wirst Du vieles neu lernen, manchmal auch neu lernen müssen. Das macht manchmal Spaß und manchmal verursacht es auch nur Frust. Diesen Frust bewusst zu erleben, ist ein wichtiger Teil jedes Veränderungs- und Lernprozesses.

Sei Dir nicht zu schade, in Deine eigene Entwicklung zu investieren. Es könnte der erste Schritt sein, die Erfüllung zu erreichen, die Du Dir lange wünschst. Wenn Du es nicht tust, wird es keiner für Dich machen.

Wenn Du nach dem Motto lebst: „Ich mache kein Geheimnis daraus, dass ich ein Amateur bin und jeden Tag daran arbeite Profi zu werden", lebst Du im Entwicklungsmodus und lernst jeden Tag dazu, für Dich und für andere.

Wenn Du etwas lernen willst, ist es nicht nur wichtig, dass Du es von jemandem lernst, der es kann, sondern vor allem von jemandem, der es Dir beibringen kann.

Auf Reisen wie im Leben kannst Du den Menschen zuhören, die Dir wertvolle und bereichernde Informationen über Deine geplanten Reise- und Ausflugsziele geben und dadurch Deine Reise zu einem Erlebnis werden lassen oder Du lässt Dich von Menschen aufhalten, die es gut mit Dir meinen, Dir unerwünschte Empfehlungen geben, die ihre unendlichen Bedenken äußern, Dich mit warnenden Worten von Deinen Zielen abhalten wollen oder gar verhindern wollen, dass Du überhaupt reist. Du kannst immer entscheiden, wem Du Dein Ohr schenkst und wem nicht.

Wenn Du nicht mehr weiter weißt, hole Dir Inspiration bei Profis oder bei Menschen, die weiter sind als Du. Wenn Du Menschen fragst, die auf einem ähnlichen Entwicklungsstand sind wie Du, wirst Du meistens nicht sehr weit kommen.

Für unser Leben gibt es keine Bedienungsan-
leitung. Es ist wunderschön, dass wir unsere
Erfahrungen machen dürfen und uns den Weg
aussuchen, der uns am stimmigsten erscheint.

Wenn Du Dir vornimmst, etwas zu beginnen,
was Du noch nicht kannst – egal in welchem
Bereich –, hol Dir einen Lehrer, Coach, Mentor,
etc., der bereits das kann oder erreicht hat, was
Du auch erreichen möchtest. Suche Dir einen
der Besten aus, möglicherweise den Besten, so
aufwendig es auch sein mag. Du wirst schnell
merken, dass Du dadurch Dein Ziel viel schnel-
ler erreichst, als wenn Du es allein gemacht
hättest.

Du kannst niemanden zur Einsicht zwingen.
Entweder kommt jemand selbst zur Einsicht
oder das Leben bringt einen auf Umwegen
dazu, einsichtig zu werden. Die Umwege kön-
nen manchmal mühsam und schmerzhaft sein.

Ein kleiner Schritt in die Richtung, die Du für
richtig hältst, kann einen großen Schritt in Dei-
nem Leben bedeuten.

Auf Deinem Weg zu Deinen Zielen können einige Menschen für Dich Inspiratoren oder Ideengeber sein. Möglicherweise zeigen sie Dir eine Richtung, die für Dich sinnvoll sein kann. Nur die Entscheidung, in welche Richtung Du gehen möchtest, kann beim besten Willen keiner für Dich treffen. Diese Entscheidung liegt ausschließlich bei Dir und bei niemand anderem. Und, auch wenn Du keine Entscheidung triffst, bleibt es immer noch Deine Entscheidung.

Lerne aus der Vergangenheit, handle in der Gegenwart und freue Dich auf die Zukunft und die Ergebnisse Deiner Handlungen.

Eine einzige Idee, ein einziger Tipp eines Unbekannten, eine Eingebung, die Begegnung mit einer Person können Dein Leben grundlegend beeinflussen und verändern. Achte auf das, was Dir täglich an Ideen angeboten wird, auf die Menschen um Dich herum und achte vor allem auf Deine Intuition. Aus den Chancen von heute entstehen die Errungenschaften von morgen.

Wenn Du Spitzenleistungen in einem bestimm-
ten Bereich erreichen möchtest, solltest Du
ständig üben. Wenn Du über einen längeren
Zeitraum konstant an etwas arbeitest und in
diesem Bereich jeden Tag eine kleine Aktion
vollbringst, wirst Du Dich langsam dem Zeit-
punkt annähern, zu dem alle glauben wer-
den, Du wärest extrem talentiert. Je mehr Du
konstant übst, desto mehr steigerst Du Deine
Erfolgschancen in Deinem Bereich.

In mancher Situation stehst Du im Leben vor
einer Tür und fragst Dich, wo der Schlüssel ist
oder welchen Schlüssel Du brauchst, um hin-
durchzukommen und weitergehen zu können.
Manchmal passt gar kein Schlüssel. Hast Du
auch mal geschaut, ob die Tür – rein zufällig –
nicht offen ist?

Wenn etwas nicht mehr funktioniert, ist es oft
sinnvoller, etwas anderes zu unternehmen, das
funktionieren kann oder wird, statt krampfhaft
zu versuchen, das, was nicht mehr funktioniert,
mit einem unverhältnismäßigen Aufwand zu
retten.

Je bewusster Du Dir der Mauern bist, innerhalb deren Du lebst, um so bewusster kannst Du die Entscheidung treffen, sie stehen zu lassen oder sie zu durchbrechen.

Wenn Du noch nicht den Erfolg hast, den Du Dir wünschst, hat es meistens zwei Gründe.
Du bist noch nicht auf der gleichen Entwick- lungsstufe wie die Menschen, die bereits diesen Erfolg haben, dann heißt es für Dich: Lernen. Oder Du bist bereits auf dieser Entwicklungs- stufe und setzt dieses Wissen nicht täglich um.

Wenn Du Deinen eigenen Erfolgsweg verkürzen möchtest und auch einiges in Deinem Leben beschleunigen möchtest, suche dringend Rat bei Menschen, die es bereits geschafft haben. Du musst nicht alle Fehler wiederholen, die sie selbst gemacht haben.

Es ist schwer, mit dem nächsten Kapitel Dei- nes Lebens anzufangen, wenn Du noch dabei bist, die Kapitel aus der Vergangenheit immer wieder zu lesen. Entscheide, wo Du ansetzen möchtest und starte.

Das Leben liefert uns oft eindeutige Signale, die unmissverständlich auf Weiterentwicklung hinweisen. Du hast die Wahl, sie zu beachten oder zu ignorieren. Wenn Du nicht weiterkommst, sag danach bloß nicht, keiner hätte es Dir gesagt.

Wenn Du merkst, dass Du in der Vergangenheit falsch gehandelt hast, weil Du keine besseren Handlungsoptionen hattest, heißt es nicht, dass Du so weitermachen musst. Umlernen, neu lernen und anders handeln sind dann angesagt, so schwer es Dir auch fallen mag.

Versuche bloß nicht, alles allein verwirklichen zu wollen. Sei bereit, Dir Hilfe zu holen, um zum Gesamterfolg beizutragen. Sei auch bereit, Dir Unterstützung von jemand zu holen, der es besser weiß als Du oder Dich auf etwaige kontraproduktive Handlungen aufmerksam macht. Und sei auch bereit, für die Hilfe oder die Dienstleistungen, die Du in Anspruch nimmst, den angemessenen und verlangten Preis zu bezahlen wie es die Erfolgreichen tun. Erfolg kommt nicht von ungefähr.

15

Wertschätzung und Liebe

Gute Beziehungen zu anderen Menschen bereichern und erleichtern unser Leben und stärken das eigene Selbstwertgefühl. Ein wesentliches Merkmal guter Beziehungen ist die persönliche Wertschätzung, die die Beziehungspartner einander entgegenbringen.

Wertschätzung zeigt sich darin, dass ich mein Gegenüber sowie seine Ansichten, Wünsche und Bedürfnisse ernst nehme, ihm offen und interessiert begegne und mich bemühe, ihn wirklich zu verstehen. Dabei zeige ich Einfühlungsvermögen, Aufmerksamkeit und echtes Interesse am Gegenüber, sodass dieser spürt, welchen Wert er für mich hat.

In guten Beziehungen ist die Wertschätzung jedoch keine Einbahnstraße, sondern beruht auf Gegenseitigkeit. So zeige ich sie nicht nur, sondern erfahre auch Wertschätzung und fühle mich selbst wertvoll. Das stärkt mein persönliches Selbstwertgefühl und macht es mir leichter, mich ganz bewusst auch selbst wertzuschätzen.

Dieses Bewusstsein vom Wert des eigenen Selbst ist von grundlegender Bedeutung für eine souveräne Persönlichkeit und eine selbstbestimmte Lebensführung. Denn nur, wenn ich mir bewusst bin, dass ich wertvoll bin, dass meine Ansichten, Wünsche, Bedürfnisse wertvoll sind, kann ich die Souveränität erlangen, mein Leben auch danach auszurichten.

Und so beginnt die Wertschätzung bei mir selbst und führt wieder zu mir selbst zurück.

Auch die Liebe beginnt bei einem selbst. Es ist wichtig, sich selbst zu lieben und anzunehmen mit all den unterschiedlichen Facetten, die die eigene Persönlichkeit ausmachen. Sich selbst als liebenswert zu begreifen ist der erste Schritt, um geliebt zu werden und um liebevolle Beziehungen aufzubauen und zu erhalten.

Doch Liebe kann unser Leben noch auf eine andere Weise bereichern: Wer nämlich das macht, was er wirklich liebt, sich in seinem Handeln von der Liebe antreiben lässt, erfährt aus sich selbst heraus die stärkste Motivation, die es gibt. Ganz egal, ob es dabei um berufliche Herausforderungen oder um selbst gestellte Aufgaben im Privatleben geht. Die Liebe beflügelt das eigene Tun, gibt Energie und ist die beste Voraussetzung für Erfolg und Zufriedenheit.

Wertschätzung und Liebe dürfen wir deshalb nicht vernachlässigen, auch wenn das im Alltag manchmal schwerfällt und es Wichtigeres zu geben scheint.

Wertschätzung schenken und Wertschätzung erfahren, sich selbst lieben, anderen Liebe zeigen und das lieben, was man tut – damit schaffen wir eine wichtige Bereicherung für unser Leben und unsere Persönlichkeit.

Coaching-Impulse
für Wertschätzung und Liebe

Nimm Deine private Beziehung nie als etwas Gegebenes hin. Es ist wie ein Kunstwerk, das im ständigen Entstehen ist und an dem beide Partner arbeiten und jeden Tag ihre Spuren hinterlassen. Wenn diese Beziehung schön und glücklich bleiben soll, ist Dein Mitwirken auch gefragt, und das jeden Tag. Wenn es nicht der Fall ist, kann es durchaus sein, dass sonst irgendwann mal zu Deiner Überraschung ein Bild entsteht, das Dir plötzlich fremd vorkommt und das Du nicht mehr magst. Werde im besten Sinne des Wortes ein Beziehungskünstler.

Wer andere Menschen groß macht, wird selber groß. Wer andere klein macht, wird selber klein. Mitwachsen ist besser als schrumpfen.

Wer seine Freunde fallen lässt, wenn sie ihm nicht mehr nutzen können, für den waren sie wohl nie Freunde, sondern Mittel zum Zweck.

Vergiss nicht vor lauter beruflicher Beschäftigung, Zeit den Menschen und Dingen zu widmen, die Dir wichtig sind.

Wenn Du Dankbarkeit erfahren möchtest, entwickle erst einmal diese Haltung in Dir selbst und frage Dich jeden Tag, wofür Du dankbar bist, dankbar sein kannst. Lerne all die schönen Seiten Deines Lebens zu würdigen. Es sind viel mehr, als Du denkst.

Du musst Dich nicht verändern, geschweige denn verbiegen, um geliebt zu werden.

Einige Menschen sind Dir wichtig, sie sind immer bei Dir gewesen, wenn Du sie gebraucht hast. Du bist ihnen auch sehr wichtig. Zeig ihnen das auch und nimm Dir Zeit für sie, einen Tag, einen Nachmittag oder einen Abend. Wenn es kurzfristig nicht geht, ruf sie an und mach einen festen Termin für ein Treffen aus. Zeig ihnen, dadurch, dass Du bei ihnen bist, dass sie Dir auch wichtig sind. Vor lauter Aktivitäten vergessen wir oft diese einfachen Gesten der menschlichen Wertschätzung.

Dein Herz zeigt Dir den Weg, der für Dich bestimmt ist. Der Verstand hilft Dir, die Etappen zu bestimmen.

Schenk wenigen Menschen viel Vertrauen, weil sie es wirklich verdienen und es nie missbrauchen würden. Vielen anderen schenk nur wenig bis gar kein Vertrauen, weil sie es sonst systematisch ausnutzen. Die große Kunst besteht darin, beide Gruppen auseinanderzuhalten und entsprechend zu behandeln.

Freunde können fantastische Wegbegleiter sein, die wesentlich zu Deinem Glück beitragen. Wenn sie sich als die „falschen" entpuppen, können sie Dir Deine Lebensfreude nehmen und Du handelst Dir viel Ärger ein, den Du ohne sie nicht gehabt hättest. Suche Dir daher Deine Freunde und Wegbegleiter sehr gut aus.

Hör auf, Deine Zeit mit Menschen zu verbringen, die Dich nur mögen, wenn die Umstände dafür sprechen, dass es Sinn macht, Dich zu mögen. Verbringe in Zukunft Deine Zeit mit den Menschen, die Dich bedingungslos lieben.

Wenn Du glaubst, dass keiner Dich liebt, fang
damit an, liebe Dich selbst, dann wirst Du
schon geliebt.

Menschen kommen in unser Leben und manchmal gehen sie auch wieder. Wer das akzeptieren
kann, ist weise.

Lerne Dich selbst lieben, denn Du wirst eine
lebenslange Beziehung mit Dir selbst führen. So
wie Du bist, mit Deinen Fähigkeiten, Stärken
und Talenten, bist Du wundervoll. Lerne Dich
selbst anzunehmen, wie Du bist. Für viele ist es
schwer, sich selbst anzunehmen und zu lieben.
Solange Du es nicht schaffst, Deinen Selbstwert
zu schätzen, wirst Du das Glück im Äußeren
ewig suchen. Erinnere Dich jeden Tag daran,
dass auch Du es wert bist, geliebt zu werden.
Du darfst nicht in Vergessenheit geraten.

Mache jeden Tag zu einem besonderen Tag.
Räume im Laufe des Tages den Menschen, die
Dir wichtig sind, den besonderen Platz ein, den
sie auch verdienen und denk dabei auch an
Dich.

Egal, wie Dein Tag heute aussieht: erkläre ihn einfach zum Tag der Dankbarkeit. Ja, einfach ohne Grund, denn Gründe, dankbar zu sein, gibt es genug. Dankbar für das, was wir haben, was wir sind und für die Menschen, die uns lieben. Sage ohne Grund Deinen Mitmenschen und Freunden Danke. Sie werden selbst den Grund wissen.

Seit jeher kennt die Liebe keine Grenzen und setzt sich über alle Hemmnisse hinweg, die ihr im Wege stehen. Taten der Liebe sprengen jedes Maß menschlichen Egoismus und ignorieren die Schutzwälle menschlichen Egoismus.

Sei nicht Dein schärfster Kritiker, wenn es um Deinen Wert geht.

Gib den Menschen, die sich über Dein Glück und Deinen Erfolg von ganzem Herzen freuen, einen besonderen Platz in Deinem Leben. Da sie sich aufrichtig und neidfrei freuen können, schenk ihnen Dein Herz, weil sie besondere Menschen sind und Dich auch als besonderen Menschen schätzen können.

Andere Menschen haben Dich verletzt, Dich
verspottet, Dich abgewertet, nicht an Dich
geglaubt, etc. Du kannst es nicht mehr verän-
dern, es ist so. Nur sollte es Dich nicht davon
abhalten an Dich zu glauben und Deine Ziele
zu verfolgen. Lass die Vergangenheit, wo sie ist
und zeig der Welt, dass Du es kannst.

Die Menschen, die Dir wichtig sind, machen
Dein Leben wertvoll.

Sei bereit, den Wert von anderen anzuerkennen
und zu honorieren. Solange Du nicht bereit
bist, den Wert anderer zu honorieren, wird
der von Dir gewünschte Wert nicht anerkannt,
geschweige denn honoriert werden.

Tue, was Du im Leben wirklich liebst und kon-
zentriere Dich darauf. Wenn die Liebe zu etwas
die treibende Kraft in Deinem Leben ist, wirst
Du kein Motivationsproblem mehr haben. Die
Menschen werden Deine Begeisterung spüren,
und ungeahnte Möglichkeiten werden sich Dir
eröffnen. Denn, da wo es Liebe gibt, gibt es
einen Weg.

„Alleinsein" ist wunderschön. „Allein" sein ist gar nicht so schwer, wie Du vielleicht denkst, denn Du bist nie allein, sondern immer mit Dir zusammen. Lerne dieses „Alleinsein" zu lieben. Viele Menschen verlieren den Zugang zu ihrer eigenen Quelle, indem sie zuviel Zeit mit anderen verbringen, die ihnen weder wichtig sind noch sie interessieren.

Aus einer Begegnung kann eine Gelegenheit werden, aus einer Gelegenheit eine Chance, wenn Du bereit bist, sie zu ergreifen. Es liegt an Dir.

Auch wenn wir unser Ziel noch nicht erreicht haben, dürfen wir nie vergessen, welche fantastischen Erfahrungen wir während der Reise zu dem Ziel machen und welche großartigen Menschen uns dabei begegnen. Auch wenn wir manchmal frustriert sind, dass wir es nicht so weit gebracht haben, vergessen wir oft, dankbar zu sein für das bereits Erreichte und den Menschen Wertschätzung zu zeigen, die uns bis dahin begleitet haben.

16

Wohlbefinden und Gesundheit

Wir alle sind auf der Suche nach dem Glück – oder etwas bescheidener gesprochen: auf der Suche nach Lebensfreude, Lebensqualität, Sinn. Doch die Komplexität, das Tempo und die Dynamik unserer Zeit setzen uns häufig unter Stress und unter Druck. Viele Menschen haben das Gefühl, von den äußeren Umständen und Anforderungen des Lebens fremdbestimmt zu werden, nicht das tun zu können, was ihnen guttut, und ihr Leben nicht selbstbestimmt gestalten zu können. In der Folge sind sie gestresst und unzufrieden, fühlen sich nicht wohl in ihrer eigenen Haut. Und das hat häufig auch negative Auswirkungen auf die körperliche und seelische Gesundheit.

Wohlbefinden und Gesundheit stehen in engem Zusammenhang und wirken wechselseitig aufeinander ein. Wer gesund ist, fühlt sich wohl, und wer sich wohlfühlt, ist gesund. Oder anders: *Happiness is the highest form of health.* – Glück ist die höchste Form der Gesundheit. So drückte es der Dalai Lama aus.

Viele Menschen haben diesen Zusammenhang bereits erkannt und versuchen, ihr Leben ausgeglichener zu leben, achtsamer mit sich selbst umzugehen, mehr Zeit und Muße zu finden, um sich Dingen zu widmen, die ihnen wirklich wichtig sind und die sie zufrieden machen, wie zum Beispiel ihrer Familie oder einer künstlerischen, kreativen Tätigkeit.

Doch allzu oft bleibt im Alltag nicht viel übrig von diesen guten Vorsätzen. Denn zwischen den täglichen Routinen, Aufgaben und Anforderungen ist meist kein Platz mehr für Muße. Und so stellen sich schnell wieder Unzufriedenheit, Stress und Frust ein. Die körperliche und die psychische Belastung nehmen zu, die Leistungsfähigkeit sinkt, das Wohlbefinden wird beeinträchtigt, die Gesundheit wird angegriffen.

Deshalb ist es wichtig, sich immer wieder aufs Neue bewusst zu machen, dass wir es selbst – und zwar nur wir selbst! – in der Hand haben, wie wir unser Leben gestalten. Es ist an uns selbst, die Entscheidung für ein gutes Leben zu treffen und diese Entscheidung in die Tat umzusetzen. Das eigene Handeln und Entscheiden bestimmen darüber, wie wir mit den Anforderungen der Zeit umgehen und welchen Einfluss sie auf uns haben, ob wir unsere Lebensführung selbst bestimmen und mit Sinn erfüllen. Denn wir haben die Freiheit, bewusste und willentliche Entscheidungen zu treffen, Stellung zu beziehen zu unserer Umwelt, zu unseren Mitmenschen und zu uns selbst, individuelle Werte und Ziele zu bestimmen, kreativ zu sein, Verantwortung zu übernehmen und unserem Leben Sinn zu geben.

Wem es gelingt, diese Freiheit zu nutzen und im Alltag Achtsamkeit für das eigene Selbst zu praktizieren, der wird belohnt mit Zufriedenheit und Wohlbefinden, Gesundheit und Freude, Glück und Erfüllung.

Coaching-Impulse
für mehr Wohlbefinden und
bessere Gesundheit

Wenn Du aktuell – aus welchen Gründen auch immer – müde oder ausgelaugt bist und keine Kraftquelle mehr findest, nimm Dir unbedingt die Zeit, die Du brauchst und Dein Körper von Dir verlangt, auch wenn es sozial unerwünscht ist, denn ... wenn Du nicht mehr „funktionierst", wirst Du dann erst recht merken, dass es genauso sozial unerwünscht ist.

Wenn Du das Gefühl hast, dass Du etwas machen willst, womöglich dazu noch berufen bist und damit Großes im Leben anderer Menschen bewirken kannst, fang damit so schnell wie möglich an, das zu vollbringen, was Deinen Stärken und Talenten entspricht. Wer weiß, ob Deine Gesundheit es Dir in Zukunft ermöglichen wird? Jetzt ist daher der beste Zeitpunkt dafür.

Andere sehen Dich vielleicht anders, vielleicht positiver und vielleicht wohlwollender als Du selbst. Oft sind wir unser schärfster Kritiker. Lerne, lieb zu Dir selbst zu sein.

Belastete Beziehungen kosten Energie, Zeit und Geld und beeinträchtigen die Lebensfreude und die Gesundheit. Vor allem persönliche Verletzungen belasten und gefährden eine Beziehung. Die Qualität Deines Glücks hängt zum großen Teil von der Qualität Deiner persönlichen Beziehungen ab.

Die Schmerzen der Vergangenheit sind kein Grund, heute nicht glücklich zu sein und für morgen keine Pläne zu haben. Glück ist ein Geburtsrecht, das Du einfordern darfst.

Dein Körper ist Dein täglicher Helfer bei der Erreichung Deiner Ziele. Geh sorgsam und liebevoll mit ihm um, vor allem wenn er Dir Signale gibt, dass Du ihn überstrapazierst. Ohne ihn kannst Du keine Langzeitziele erreichen. Manche Zielplanung ist bereits an der Nicht-Beachtung dieser Regel gescheitert.

Fange an, all die „verrückten" Dinge zu tun, auf die Du schon seit langem Lust hast. Jetzt ist die richtige Zeit, um Dir deine Wünsche zu erfüllen. Vielleicht gibt es ein Später nicht mehr oder Du wirst nicht mehr in der Lage sein, es zu tun. Sei nicht der Totengräber Deiner Wünsche, sondern deren Geburtshelfer.

Der Sinn von schmerzhaften Erlebnissen wird einem manchmal erst viel später klar. Eine Absage ist oft eine Chance, die Du noch nicht erkennst. Eine Ablehnung ist zuweilen ein Hinweis, Dich auf Deinen eigenen Weg zu begeben. Eine Trennung ist manchmal ein Geschenk: Du darfst neue Lebensaspekte entdecken. Es ist nicht immer so schlimm, wie es scheint.

Lerne, für Dich selbst gut zu sorgen. Nur wenn es Dir persönlich gut geht, bist Du auch in der Lage, Dein Bestes zu geben und Höchstleistungen zu erzielen. Wenn Du nur für andere sorgst und Dich selbst vernachlässigst, wirst Du über kurz oder lang ausbrennen. Je mehr innere Kraft Du hast, um so leichter wirst Du Deine Ziele erreichen.

*Um wie viel Prozent würde es Dir besser gehen,
wenn Du heute den Job verlassen würdest,
der Dich fertig macht und den Du im Grunde
genommen hasst ... wenn Du ehrlich bist? Was
wäre das für ein Quantensprung?*

*Wenn Du für einen Augenblick die Angst ver-
gisst, die Dich lähmt und dem Ruf Deines Herzens folgst, hörst Du den Lockruf der Freiheit.
Überhöre ihn nicht.*

*Fang an, an Dich zu denken, für Dich selbst
etwas zu tun, vor allem, wenn Du sonst immer
für andere gesorgt hast. Sei lieb und großzügig
zu Dir selbst. Andere mögen noch so wichtig
sein, Du darfst dabei selbst nicht in Vergessenheit geraten.*

*Sorge gut für Dich selbst, denn Du kannst
Deine volle Leistung nur geben und anderen
den maximalen Nutzen bieten, wenn Du auch
Deine volle Kraft hast. Wenn Du Dich ständig
aufopferst, nur um anderen zu helfen, ist keinem geholfen.*

Wenn Menschen mit sich und der Welt unzu-
frieden sind und im Leben nicht das tun, was
sie wirklich wollen, hört sich ihre Stimme oft
so wie der Ton einer „verstimmten" Geige an.
Bei Menschen, die ihren Weg gefunden haben,
ist meistens alles „stimmig". Unsere Stimme ist
oft ein Gradmesser unserer erfüllten oder nicht
erfüllten Bestimmung. Warum auch wohl?

Auch wenn Du heute von vielem müde bist,
morgen ist ein neuer Tag, an dem Du erholt
und voller Kraft aufwachen wirst und so viel
bewirken kannst.

Wenn Dein Körper sich sanft zu Wort meldet
und seine Bedürfnisse äußert, sage ihm einfach
Ja, bevor er Dir irgendwann mal Nein sagt.

Erfolg, neu und anders verstanden, bedeutet,
dass Du auf die subtilen Signale Deines Kör-
pers achtest, der Dir regelmäßig kommuniziert,
dass er nicht mehr bereit ist, im dauerhaften
Hochleistungsmodus zu funktionieren, weil er
das nicht kann. Du bist weise, wenn Du ihm
zuhörst.

Wenn Du im Leben immer mehr das tust, was Dir gut tut, wirst Du automatisch glücklicher werden. Alles, was Dir nicht gut tut, mindert Dein Wohlbefinden.

Wenn Du immer stark sein willst, stehst Du unter einem schwer erträglichen Druck, der nicht nötig ist. Lern, dass Du auch schwach sein darfst, ohne Dich selbst abzuwerten.

Das, was Du als die größte Krise oder sogar als das größte Unglück Deines Lebens empfindest, ist möglicherweise die größte Chance, die Dir das Leben bietet, ohne dass Du es weißt.

Achte auf alle Gefühle, die in Dir brodeln und finde heraus, was sie Dir sagen wollen. Wenn Du sie jetzt nicht beachtest, brechen sie irgend-wann vulkanartig aus.

Wer Gedanken tanken will, braucht vor allem eine gute Quelle. Wer aus schlechten Quellen trinkt, braucht sich nicht zu wundern, dass es nicht schmeckt und der Gedankenfluss zu wün-schen übrig lässt.

Schlusswort

Einladung zur Selbstreflexion

Was macht mich aus? Was will ich überhaupt und was nicht? Aufgrund welcher Kriterien treffe ich meine Entscheidungen und wie lege ich meine Ziele fest?

Solche Fragen sind nicht immer leicht zu beantworten. Das ist gut. Denn wer auf jede noch so schwierige Frage sofort eine Antwort hat, hat sein Selbst womöglich noch nie ernsthaft hinterfragt.

Fehlt es jedoch an Selbstreflexion, ergeben sich Handlungen und Meinungen unter Umständen nicht aus unserem Selbst, sondern sind vielmehr das Produkt fremder Einflüsse und Prägungen. In solchen Fällen glauben wir zwar eine Antwort zu haben, nur kommt diese Antwort dann nicht unbedingt aus unserem eigenen Inneren. Das kann eine Weile gutgehen. Doch kommt oft irgendwann ein Punkt, an dem wir uns nicht mehr selbst austricksen können.

Im Beruf wie im privaten Leben haben es diejenigen leichter und sind auf Dauer die Zufriedeneren, die sich tatsächlich an ihrem inneren Kompass orientieren können. Was wir dafür brauchen, ist in erster Linie eine genaue Kenntnis von uns selbst. Denn wenn wir nicht wissen, wer wir sind, können wir auch nicht wissen, wohin wir wollen. Das ist eine wichtige Grundlage jeder Art von Coaching. Denn einfach nur losmarschieren führt allzu oft in die Irre.

Jeder einzelne der Coaching-Impulse in diesem Buch will vor allem eines: Sie zur Selbstreflexion einladen. Wenn Sie sich darauf einlassen, können Sie nur gewinnen.

Sie haben jetzt alle oder die meisten Coaching-Impulse gelesen. Wie geht es nun weiter? „Ohne Abschied vom Alten bleibt das Neue oft ein Traum, der nie verwirklicht wird", heißt es in einem dieser Impulse. Vielleicht haben Sie bereits einige Punkte gefunden, bei denen Sie innerlich spüren, dass Sie etwas korrigieren, verändern und erneuern wollen. Nutzen Sie diesen Anstoß!

Denken Sie jedoch daran, dass der Prozess der Selbsterkenntnis niemals zu Ende ist. Nutzen Sie deshalb auch die Chance, die vielen Impulse aus dem Leben selbst (die freundlichen Worte einer Kollegin, kritische Hinweise eines Freundes – alles, was Sie lesen und hören) als Einladung zu verstehen, sich immer wieder selbst zu reflektieren. Hierbei geht es übrigens in keiner Weise um irgendeine Form von Selbstfixiertheit, sondern um das Gegenteil: darum, sich selbst und damit auch andere besser zu verstehen.

Im sozialen Miteinander agieren diejenigen am sichersten, die sich ihrer selbst bewusst sind, die mithilfe von Selbstreflexion zu Einsichten über die wesentlichen Aspekte ihrer eigenen Persönlichkeit gelangt sind. Das umfasst Erkenntnisse über grundlegende Charaktermerkmale, über das eigene Verhalten und Handeln, über persönliche Ambitionen, Wünsche und Ziele, über Talente und Defizite, Präferenzen und Abneigungen sowie vieles mehr.

Mit diesen Erkenntnissen kommen Sie weiter. Legen Sie deshalb immer wieder einmal Phasen der Besinnung ein (und wenn es nur einige Minuten sind), in denen Sie das vergangene, aktuelle und künftige Geschehen reflektieren. Es lohnt sich!

Viel Erfolg dabei!

Herzlichst

Ihr

Stéphane Etrillard

Über den Autor

Stéphane Etrillard ist internationaler Keynote Speaker und Executive Coach und zählt zu den meistgefragten und besthonorierten Top-Wirtschaftstrainern im deutschsprachigen Raum.

Der mehrsprachige Vortragsredner gilt als führender europäischer Experte für „persönliche Souveränität". Stéphane Etrillard, Kosmopolit französischen Ursprungs, lebt in der Kulturmetropole Berlin. In seiner Freizeit beschäftigt er sich leidenschaftlich mit Philosophie, Literatur und Klaviermusik und lernt mit großer Begeisterung das Klavierspielen.

Sein einzigartiges Know-how ist in den letzten 20 Jahren in der Beobachtung und Begleitung von über 25.000 Führungs- und Nachwuchskräften aus unterschiedlichsten Branchen entstanden. Zudem wurde er als Ausnahmepersönlichkeit unter die Top 100 Speakers aufgenommen. Mit seinen Privatissima im Bereich Rhetorik, Dialektik und Körpersprache, Diplomatie sowie Selbstvermarktung verhilft er seinen Kunden zu mehr Souveränität in allen Lebenslagen. Er steht einigen der angesehensten Familien Europas als Privatcoach mit Rat und Tat zur Seite. Zu seinen Coaching-Klienten zählen Manager aus Großunternehmen, Einzelunternehmer, mittelständische Unternehmer und Politiker sowie viele Menschen, die sich bei ihm neue Impulse holen, um ihre Kommunikation noch souveräner und ihr Leben erfolgreicher zu gestalten.

Stéphane Etrillard zählt das Who's Who europäischer Unternehmen zu seinen Firmenkunden. Das Spektrum seiner Kunden erstreckt sich von innovativen Mittelständlern über DAX-Unternehmen bis zu global agierenden Konzernen. Bei den führenden Seminar- und Kongressveranstaltern zählt er zu den gefragtesten Referenten. In Zusammenarbeit mit Führungskräfte-Akademien und Seminarveranstaltern hat er Fach- und Führungskräfte von fast allen DAX-Unternehmen geschult.

2013 wurde sein Buch „Mit Diplomatie zum Ziel" im Wirtschaftsblatt in die Top Ten der deutschsprachigen Wirtschaftsbücher aufgenommen.

Durch zahlreiche Vorträge und Publikationen ist er einem breiten Publikum bekannt geworden. Er ist Autor von über 40 Büchern, Lehrgängen und Audio-Coaching-Programmen, die zu den Business-Topsellern zählen. Täglich lesen bis zu 30.000 Menschen seine Coaching-Impulse in den sozialen Netzwerken.

Seine Coachings und Seminare führte er bis jetzt in Deutschland, Österreich, der Schweiz, den Niederlanden, Belgien, Luxemburg, Irland, Frankreich, Italien, Spanien, Tschechien, Ungarn, Rumänien sowie in Russland durch.

Stéphane Etrillard hat in der Trainer-, Coaching- und Speakerszene seit Jahren eine Ausnahmestellung: Er gilt als eine der profiliertesten und geachtetsten Persönlichkeiten der Weiterbildungsbranche, ist und bleibt dennoch ein absoluter Grenzgänger. Er wurde schon als „Meister der leisen Töne" bezeichnet, dennoch scheut er sich nicht, wenn nötig, eindeutig Position zu beziehen und klare Worte zu sprechen.

Aufgrund seiner Expertise wird er von der Presse oft angefragt, ist gerne gesehener Gast bei Podiumsdiskussionen und Talkrunden. Vielen ist er auch aus Rundfunk- und Fernsehinterviews bekannt.

Jedes Jahr organisiert er „Masterclasses" und „Masterclasses for Professionals", in denen er sein originäres Know-how an Unternehmer, Manager, Nachwuchskräfte sowie die neue Generation der Weiterbildungsbranche in komprimierter Form weitergibt.

Viele Persönlichkeiten des öffentlichen Lebens, mit denen er nicht wirbt oder nicht werben darf, ließen sich in den letzten 20 Jahren von ihm coachen.

In seinen Masterclasses steht Stéphane Etrillard seinen Klienten mit all seiner Expertise mit Rat und Tat zur Seite. Sie erfahren bewährte und praxiserprobte Strategien, die in keinem Buch stehen und die ihnen sonst niemand verraten würde.

Bereits seit vielen Jahren berät er auch Trainer, Coaches, Speaker zu Marketing- und Positionierungsthemen. Für alle Einzelunternehmer und Freiberufler, die richtig durchstarten wollen und sich als Erfolgsmarke langfristig positionieren möchten, hat er das Programm

„Unwiderstehlichkeitscoaching oder wider die Logik des Scheiterns ©" entwickelt.

Dieses Erfolgscoaching wendet sich an Freiberufler, Berater, Coaches, Speaker etc., die erfolgreich werden und bleiben wollen und vor allem mit Leistungen am Markt auftreten wollen, die auch gekauft werden.

Kontakt:

Stéphane Etrillard

Top Performance Group GmbH
Schloss Elbroich
Am Falder 4
D-40589 Düsseldorf

Tel: +49 - (0)211 - 936 7777-0
Fax: +49 - (0)211 - 936 7777-1

www.etrillard.com

info@etrillard.com

Weiterführende Literatur des Autors

16 Impulse für mehr Souveränität. Best of Stéphane Etrillard Jubiläums-Edition. Fehmarn: Edition Forsbach 2015

Auftritt und Wirkung. Souverän überzeugen – im kleinen Kreis und vor großem Publikum. Paderborn: Junfermann 2015

Prinzip Souveränität. Als souveräne Persönlichkeit sicher entscheiden und handeln. Zürich: Midas Management Verlag 2014

Mit Diplomatie zum Ziel. Wie gute Beziehungen Ihr Leben leichter machen. Offenbach: Gabal 2013

Fair zum Ziel. Strategien für souveräne und überzeugende Kommunikation. Paderborn: Junfermann 2014

Charisma. Einfach besser ankommen. 55 Fragen und Antworten zum Mythos Charisma. Von grauen Mäusen und echten Persönlichkeiten. Paderborn: Junfermann 2010

Gesprächsrhetorik. Souverän agieren – überzeugend argumentieren. Göttingen: BusinessVillage 2005

Gekonnt gekontert. Souverän, schlagfertig und fair in jeder Situation. Hamburg: Hoffmann & Campe 2004

Erfolgsrhetorik. Hörbuch (4 CDs). Bergisch-Gladbach: Verlagskontor 2004

Selbst-PR – Klappern gehört zum Handwerk. Hörbuch (1 CD). Bergisch-Gladbach: Verlagskontor 2004

30 Minuten für intelligente Schlagfertigkeit. Offenbach: Gabal 2004

Best of Etrillard Jubiläums-Edition

Stéphane Etrillard:

16 Impulse für mehr Souveränität

Best of Stéphane Etrillard
Jubiläums-Edition

11,6 x 18,6 cm, 152 Seiten

ISBN 978-3-943134-41-4

Edition Forsbach 2015

Stéphane Etrillard ist internationaler Keynote Speaker
und Executive Coach und zählt zu den meistgefragten
Top-Wirtschaftstrainern im deutschsprachigen Raum.
Er gilt als Europas führender Experte für persönliche
Souveränität.

Anlässlich seines 20-jährigen Jubiläums als Trainer,
Speaker und Coach erscheint dieser Sonderband mit
16 exklusiven Beiträgen.

Sie bieten einen repräsentativen Querschnitt durch
sein Schaffen und dienen als Quelle der Inspiration für
ein souveränes und damit erfolgreicheres Auftreten.

Aktuelle Seminare
mit Stéphane Etrillard

CHARISMA UND SOUVERÄNITÄT
Mit Erfolgsrhetorik in Reden und Präsentationen
noch besser überzeugen

SOUVERÄNE DIALEKTIK UND KÖRPERSPRACHE
Sicher und selbstbewusst in Gesprächen
und Diskussionen

RHETORIK UND DIALEKTIK PREMIUM
Mit Souveränität und Überzeugungspsychologie
gewinnend kommunizieren

MIT DIPLOMATIE ZUM ZIEL
Smart statt hart – Die sechs Schlüssel für Ihren
diplomatischen Kommunikationserfolg

VERKAUFEN IST EINFACH
Die Geheimnisse der Verkaufssouveränität

VIP-CRASH-COACHING:
RHETORIK – DIALEKTIK – KÖRPERSPRACHE

Das erwartet Sie in den Seminaren:

- Sie lernen, vor Gruppen souveräner aufzutreten.

- Sie lernen, wie Sie mit Ihrem Lampenfieber souverän umgehen.

- Sie lernen Überzeugungsstrategien, mit denen Sie fast jeden motivationsgerecht überzeugen.

- Sie holen sich bei einem Profi den letzten Schliff für Ihre Verhandlungen.

- Sie lernen, entschlossen zu kommunizieren.

- Sie vermeiden Konfrontationen mit Ihren Gesprächspartnern.

- Sie lernen, auch in kritischen Situationen, selbstsicher zu agieren und souverän zu bleiben.

- Sie setzen Ihren Standpunkt trotz Widerstand durch.

- Sie lernen, sich besser zu verkaufen.

Wenn Sie sich im Bereich Souveränität und Rhetorik persönlich weiterentwickeln und beruflich weiterkommen wollen, sind Sie bei Stéphane Etrillard an der richtigen Adresse. In Kleingruppen und durch intensives Üben erhalten Sie sofort anwendbares Praxiswissen und hilfreiches Feedback, mit dem Sie Ihre Stärken ausbauen können, egal, wo Sie heute stehen.

Seminartermine und Seminarbeschreibungen unter:

www.etrillard.com
www.topperformance.de